Fünf Wörter

David Albahari

Fünf Wörter

Aus dem Serbischen
von Mirjana und Klaus Wittmann

Eichborn

1 2 3 4 07 06 05

Umschlaggestaltung: xxx, unter Verwendung eines xxx von xxx
Lektorat: Doris Engelke
Satz: Fuldaer Verlagsanstalt, Fulda
Druck und Bindung: Clausen & Bosse, Leck

ISBN 3-8218-5751-X

Verlagsverzeichnis schickt gern:
Eichborn Verlag, Kaiserstr. 66, 60329 Frankfurt am Main
www.eichborn.de

Die Schatten

1.
Der Zug hatte wie durch ein Wunder keine Verspätung und fuhr Punkt vier Uhr in den Bahnhof von P. ein. Auf dem Bahnsteig war kein Mensch zu sehen, und Bogdan Marić überlegte kurz, ob er aussteigen oder lieber sitzenbleiben und bis zur Endstation im Grenzstädtchen N. weiterfahren solle, schleppte dann doch seinen Koffer den Gang entlang bis zur Tür und setzte ihn auf dem Bahnsteig ab. Der Koffer war schwer von Büchern, die er wahrscheinlich, wie so oft, umsonst mitgenommen hatte, aber was soll es, dachte Bogdan, während er sich aufrichtete und um sich blickte. Der Zug fuhr schon an, die Kupplungen quietschten, die Räder drehten sich immer rascher, der Boden erbebte unter Bogdans Füßen. Erst als der Zug verschwunden war, erblickte Bogdan einen Bahnhofsbeamten: das eingerollte rote Fähnchen unter den Arm geklemmt, marschierte er auf eine Tür zu, an der »Bahnhofsvorsteher« stand. Bogdan hatte er mit keinem Blick gewürdigt. Die Tür knallte, das Glas klirrte, und bald darauf wurde die Gardine auf einer Seite des Fensters etwas angehoben. Dort ungefähr, dachte Bogdan, müsse das Auge des Vorstehers sein. Die Gardine fiel zurück, Bogdan bückte sich, nahm den Koffer und begab sich langsam zum Ausgang, der, wenn ihn die Erinnerung nicht täuschte, zum Marktplatz führte.

2.
Das Hotel lag auf der anderen Seite des Platzes im Schatten einiger hoher Pappeln und Espen. Beim Überqueren des Platzes mußte Bogdan dreimal stehenbleiben: Luft holen,

den Arm ausruhen, seine geschundene Hand massieren. Wäre er Lyriker, hätte er es vielleicht leichter. Er hätte es ganz sicher leichter, denn ein Roman von ihm entsprach sechs oder sieben Lyrikbändchen, wenn nicht noch mehr. Außerdem sind Lyrikbände fast immer Taschenbücher, während seine Romane Hardcovers waren, einige hatten sogar noch einen Schutzumschlag. Er hob den Koffer auf und ging die letzten zwanzig Meter bis zum Hotel. Dort sah er zum ersten Mal ein kleines Plakat mit der Ankündigung seiner Lesung: sein Name war korrekt geschrieben, die Titel seiner Bücher ebenfalls, aber sein Foto war verschwommen und vermittelte den Eindruck, als habe er einen Schnurr- und einen Vollbart. Bogdan hatte nie einen Vollbart gehabt, und einen Schnurrbart ließ er sich nur einmal, vor etwa zwanzig Jahren, wachsen, als er hoffte, damit älter und ernster auszusehen. Er schaute sich noch einmal das Plakat an, kniff die Augen zusammen, neigte den Kopf zur Seite, aber was er auch tat, der Schnurr- und der Vollbart blieben auf dem verschwommenen Foto. »Eintritt frei«, stand unten auf dem Plakat. Bogdan lehnte sich mit dem Rücken gegen die Glastür, drückte sie auf und trat rückwärts in die Hotelhalle, wo er seinen Koffer bis zum Empfang hinter sich her zerrte. Dort war niemand. Bogdan räusperte sich, danach verrückte er geräuschvoll seinen Koffer, erst dann bemerkte er eine Glocke. Er schellte. Ich komme, rief eine weibliche Stimme hinter einer Tür, darauf war es wieder still.

3.

Die Frau, die schließlich erschien, war jünger, als es ihre Stimme vermuten ließ. In ihrem linken Mundwinkel hing ein Brotkrümel, und Bogdan mußte sich beherrschen, ihn nicht mit seinem Zeigefinger wegzuwischen. Statt dessen nannte er seinen Namen und fügte hinzu, für ihn solle ein Zimmer reserviert worden sein. Die Frau wollte nachsehen. Sie holte ein dickes Heft unter dem Pult hervor und began zu blättern.

Der Brotkrümel rollte aus ihrem Mundwinkel über die Seiten des aufgeklappten Hefts auf den Boden. Bogdan sah ihn nicht fallen, konnte sich aber vorstellen, wie er ins Leere sank, in eine niedrigere Welt, in der die Füße regieren. Ja, sagte die Frau, das Zimmer ist für Sie bereit. Sie drehte sich um und nahm einen Schlüssel von einem Brett an der Wand. Nummer 14, sagte sie, in der ersten Etage. Als Bogdan seinen Koffer schon in den Aufzug geschoben hatte, überreichte sie ihm einen Umschlag, der für ihn hinterlegt worden war und auf dem in Blockschrift sein Name stand.

4.

Das Zimmer Nummer 14 befand sich, wie die Mehrzahl aller Hotelzimmer in der serbischen Provinz, im Zustand nahenden Zerfalls. Die Lampe am Bett funktionierte nicht; die Steckdosen waren aus der Wand gerissen, so daß nackte Drähte aus ausgefransten Löchern ragten; von der Zimmerdecke hingen Spinnweben; die Wände waren zerkratzt und verschmiert und vom Zigarettenrauch vergilbt; im Bad tropfte der Hahn; der Toilettendeckel aus Plastik war der Länge nach gesprungen und mit einer Schnur am Wasserrohr befestigt. Vor 23 Jahren, als er sich zum letzten Mal in P. aufhielt, wirkten die Zimmer dieses Hotels – vielleicht gerade dieses! – wie luxuriöse Zufluchtsorte in der provinziellen Eintönigkeit, in der sich damals das Leben abspielte. Seitdem hatte es freilich den Krieg gegeben, alles war verändert, als hätte jemand den Tisch gedreht, und die Menschen, die an ihren Plätzen sitzengeblieben waren, hatten jetzt Gläser und Teller vor sich, die nicht die ihren waren. So kam es auch, daß das Städtchen P., das sich einst einer bequemen Lage inmitten des Landes erfreute, jetzt nahe der Grenze lag, an der Straße, die zwangsläufig in N. endete, wo die Dinge, wie Bogdan vermutete, noch schlimmer standen, wo das Hotel, falls es noch existierte, in eine Flüchtlingsunterkunft umfunktioniert war. Er setzte sich auf einen verblichenen Sessel und öffnete den Umschlag, den ihm die junge Frau am Empfang überreicht hatte, entnahm ihm ein Blatt Papier, faltete es auseinander und las den ebenfalls in Blockschrift geschriebenen Satz: Rufen Sie mich bitte an. Darunter, anstelle der Unterschrift, stand eine Telefonnummer.

5.

Bogdan hatte eigentlich eine weibliche Stimme erwartet, und als sich am anderen Ende der Leitung ein Mann meldete, wollte er schon auflegen. Dann nannte er doch seinen Namen und sagte, er sei soeben eingetroffen. Ich weiß, sagte der Mann, ich habe Sie gesehen. Bogdan dachte an das Auge des Bahnhofsvorstehers, an den Vorhang, der sich bewegte, an die Tür voller dunkler Schatten. Ich möchte Sie bitten, fuhr der Mann fort, nach der Lesung etwas Zeit für mich zu haben. Bogdan schwieg. Ich möchte Ihnen etwas zeigen, sagte der Mann, es wird nicht lange dauern, zehn Minuten nur, vielleicht nicht einmal soviel. Bogdan konnte das Alter des Mannes nicht einschätzen, vermutete aber, vor allem wegen des bittenden Untertons in seiner Stimme, daß es um ein längeres Manuskript ging, das er lesen und lobend begutachten sollte. Keine Angst, sagte der Mann, als könne er seine Gedanken lesen, ich will von Ihnen keine Empfehlung für einen Verlag. Nach der Lesung ist aber ein Abendessen vorgesehen, erwiderte Bogdan. Das war seine letzte Waffe. Zehn Minuten nur, sagte der Mann, vielleicht nicht einmal soviel. Zehn Minuten, wiederholte Bogdan und legte auf, verärgert, weil er nachgegeben hatte.

6.

In der Hotelhalle legte er seinen Schlüssel auf den verwaisten Empfangstresen und ging hinaus. Auf dem unscharfen Foto sah man noch immer den Schnurr- und den Vollbart, sie waren vielleicht sogar noch länger und üppiger als bei seiner Ankunft. Der Marktplatz war menschenleer. Ein Hund erschien hinter einem entfernten Baum, lief zu einem anderen, hob sein Bein, hinterließ seine Duftmarke und verschwand. Bogdan überquerte langsam den Marktplatz in Richtung Bahnhof, dorthin, wo er, zumindest in seiner Erinnerung, in einer kleinen Gartenwirtschaft immer einen ausgezeichneten Kaffee bekommen hatte. Er vermied es, den Kopf zu drehen, betrachtete jedoch aus den Augenwinkeln Fenster, Vorhänge, im Schatten liegende Verstecke. Nichts rührte sich. Aber vielleicht handelte es sich hier um die hohe Kunst des Beobachtens, denn je kleiner ein Ort, dachte Bogdan, um so größer, ja geradezu bravourös das Geschick, durch Ritzen und Löcher zu lugen. Als er in eine Seitenstraße einbog, erkannte er, daß er sich geirrt hatte: von einer Gaststätte keine Spur, da war nur der verglaste Eingang einer Apotheke. Er ging bis zur nächsten Straße, schaute in noch zwei weitere Straßen, aber die unerbittliche Gegenwart unterschied sich gänzlich von seinen Erinnerungen. Bogdan kehrte ins Hotel zurück. Am Empfang, an das Pult gelehnt, wartete auf ihn der Leiter der Bücherei.

7.

In der Bücherei, umgeben von staubigen Büchern, fühlte Bogdan sich schon wohler. Er nippte ab und zu an dem scharfen, stark riechenden Selbstgebrannten. Eine alte Bibliothekarin hatte, zittrig vor freudiger Aufregung, weil sie einen so angesehenen Schriftsteller begrüßen durfte, ihm ein ziemlich großes Glas eingeschenkt. Der Leiter erläuterte die Geschichte der Bücherei, redete über die Verlage, die in den Kriegsjahren nichts publiziert hatten, über die Leser, die sich die Mitgliedsbeiträge nicht mehr leisten könnten, über das Lyrikjahrbuch der lokalen Dichter, das allen Schwierigkeiten zum Trotz jedes Jahr zum 1. Mai herausgegeben werde, und über das Puppentheaterfestival, das nach der Ziehung der neuen Grenzen dank des künstlerischen Leiters des Festivals, der jetzt ein Flüchtling war, von M. nach P. verlegt worden sei. Bogdan nickte immerzu und fühlte, wie ihm der Schnaps die Kniekehlen wärmte. Dann kamen Leute in das Büro des Leiters, zunächst eine Frau in einem langen Mantel, dann ein Mann mit einem grünen Sakko und am Ende ein Mädchen vom lokalen Rundfunksender, das Bogdan in einen Abstellraum entführte, wo sie, wie sie sagte, ungestört über das Schicksal der Künstler in finsteren Zeiten reden könnten. Dort saß Bogdan etwa zehn Minuten lang über ihr Aufnahmegerät gebeugt, ihre schwarzlackierten Fingernägel vor Augen. Haben Sie jemals Gedichte geschrieben? fragte sie. Darüber können wir uns nach der Lesung unterhalten, antwortete Bogdan. Er hatte den Kopf nicht gehoben, nur mit der Hand das Mikrofon bedeckt.

8.

Wegen der schwachen Beleuchtung des Lesesaals blieben die Gesichter der Zuhörer im Schatten. Das Mädchen vom lokalen Rundfunk saß in der ersten Reihe; alle anderen – Bogdan zählte zwölf – hatten in den hinteren Reihen, nahe der Tür Platz genommen. Er versuchte den Mann auszumachen, der ihm die Nachricht hinterlassen hatte, gab aber bald auf, weil ihm, wohl wegen der Schatten, alle gleichermaßen verdächtig vorkamen. Der Büchereileiter sagte ein paar Sätze zu Bogdans Büchern, zählte die wichtigsten Preise auf, kündigte das Erscheinen seines Gesamtwerks an und betonte, diese Lesung sei als Gespräch zwischen Autor und Lesern gedacht, man dürfe also, nachdem Bogdan einen Abschnitt aus seinem jüngsten Roman vorgelesen habe, Fragen an ihn richten. Und auch meine Bücher kaufen, fügte Bogdan hinzu und lachte. Niemand lächelte zurück. Nur die alte Bibliothekarin, die für die auf einem Tisch ausgelegten Bücher verantwortlich war, beugte sich noch etwas tiefer darüber, als trauere sie im voraus jedem verkauften Buch nach. Bogdan las seinen Lieblingsabschnitt vor: Nach der Schlacht ruhen sich die Krieger aus, einige versorgen ihre Wunden, andere schreiben Briefe, der Krieg ist zu Ende, die Welt jungfräulich, die Gerechtigkeit hat gesiegt, das Leben geht weiter, nein, korrigiert sich Bogdan, beziehungsweise sein Held, das Leben ist nie stehengeblieben, das Leben ist stärker als jeder Tod, und auch jene, die gestorben sind, die ihr Leben für unser besseres Heute und unser anderes Morgen gegeben haben, sind nicht wirklich tot, sie leben in uns, sie werden nie aufhören, in unserem Blut und in unserem Gedächtnis zu rauschen, und wenn wir dann noch Liebe erfahren, wenn Leidenschaft wieder unsere müden Lenden durchzuckt, dann wird alles gut, nein, dann wird alles besser, besser denn je. Und nun, sagte der Leiter der Bücherei, stellen Sie bitte Ihre Fragen. Im Lesesaal herrschte Schweigen. Der Leiter räusperte sich ein paarmal, ihm war das offensichtlich peinlich; Bogdan war es, Hand aufs Herz, egal. Nach der Lesung sind Erläuterungen ohnehin nicht mehr wichtig. Als er dem Leiter schon zuflüstern wollte, er solle den Abend zum Abschluß bringen, hob sich eine Hand. Bitte, sagte der Leiter. Ein blonder Jüngling, einen Regenmantel umgehängt, setzte zu sprechen an, noch bevor er sich erhoben hatte. Er wolle gern wissen, sagte er, was der geschätzte Gast zu einem Artikel in der Zeitung »Die Wahrheit« zu sagen habe, in dem ausführlich über eine angeblich intime und tragische Beziehung zwischen ihm und einer bestimmten Person aus unserer Stadt berichtet wurde. Bogdan versuchte erst gar nicht, seinen Zorn zu verbergen: Barer Unsinn, sagte er, der einzig zum Ziel hat, den Kampf um aufrichtige und wahre Vaterlandsliebe zu untergraben und uns, die wir uns solchen Idealen restlos verschrieben haben, in schlimmstem Licht erscheinen zu lassen. Also, fuhr der junge Mann fort, hat es keine heimliche Beziehung, keine Tragödie gegeben? Eine gestörte Frau hat sich das Leben genommen, das ist alles, sagte Bogdan. Der Büchereileiter klatschte in die Hände, die Besucher taten ihm nach, aber der Beifall war kurz und schon zu Ende, als Bogdan noch überlegte, ob er sich zum Zeichen des Dankes verneigen solle.

9.
Erst als der blonde Jüngling ihn am Ausgang des Lesesaals ansprach, erkannte Bogdan die Stimme wieder, mit der er am Nachmittag telefoniert hatte. Der junge Mann hatte in der Tat kein Manuskript bei sich; Bogdan atmete auf. Der Mann schlug vor, auf Bogdans Zimmer zu gehen. Er werde nicht viel von seiner Zeit in Anspruch nehmen, nur ein paar Minuten. Bogdan war müde und hungrig, er verspürte den dringenden Wunsch, sich an einen Tisch zu setzen, aber der junge Mann lehnte sein Angebot ab, in der Gaststätte, wo Bogdan zum Abendessen eingeladen war, eine ruhige Ecke zu suchen. Fünf, höchstens zehn Minuten, sagte der junge Mann, aber bitte unter vier Augen. Bogdan willigte schließlich ein, und sie gingen über den Marktplatz zum Hotel. Am Empfang war niemand, und Bogdan mußte selbst seinen Schlüssel vom Brett nehmen. Sie gingen die Treppe hoch zum Zimmer. Der junge Mann setzte sich in den Sessel, Bogdan aufs Bett. So ist das, dachte Bogdan, während andere Autoren Mädchen mit aufs Zimmer nehmen, muß ich einen Jüngling unterhalten, der selber nicht weiß, was er will. Der junge Mann hob den Kopf und blickte ihm geradewegs in die Augen. Diese Frau, sagte er, war also verrückt. Bogdan wußte im ersten Augenblick nicht, wovon der andere sprach, dann fiel es ihm ein. Völlig verrückt, sagte er, so verrückt, daß sie nicht wußte, was sie tat. Der Mann schwieg. Bogdan verspürte plötzlich Schmerzen in der Magengegend. Er wußte, wenn er nicht bald etwas zu essen bekäme, würde er heute nacht nicht schlafen können. Der junge Mann blickte zu ihm auf: Sie war meine Mutter, sagte er. Bogdan schluckte. Und sie war nicht verrückt, fuhr der Mann fort, sie wollte nur von jemandem geliebt werden. Bogdan versuchte zu sagen: Ich habe sie geliebt, aber für Lügen blieb keine Zeit mehr. Der junge Mann steckte die Hand in die Hosentasche. Das wollte ich Ihnen zeigen, sagte er. Bogdan senkte den Blick und sah in der Hand des Mannes eine Granate. Er hatte von solchen Handgrana-

ten gelesen: Soldaten brachten sie in den vergangenen Jahren von der Front mit und verkauften sie für wenig Geld. Mit der anderen Hand zog der Jüngling am Sicherungsstift. Bogdan dachte, er solle aufstehen, er sah sich schon wie ein kopfloses Huhn umherrennen, die Wände hoch, über den Boden, unter das Bett, quer über die Zimmerdecke, er sah sich gegen die Fensterscheiben stürmen, von der Tür zurückprallen, aus dem kleinen Fenster am Lichtschacht um Hilfe rufen, aber dann setzte er sich nur bequemer auf das Bett, lehnte sich gegen das Kissen und blickte nach oben. Wenn er genau aufpasse, dachte er, würde er mitbekommen, wie die Deckenlampe zu schaukeln beginnt.

Der Bäcker, der Briefträger und der Mützenmacher

Der Bäcker, der Briefträger und der Mützenmacher spielen jeden Freitag abend Schach. Sie spielen in der Wohnung des Briefträgers auf zwei Brettern – eine Art Simultanspiel: der Bäcker gegen den Briefträger und den Mützenmacher oder der Briefträger gegen den Mützenmacher und den Bäcker oder der Mützenmacher gegen den Bäcker und den Briefträger. Sie spielen bis Mitternacht, dann eilt der Bäcker in seinen Laden, wo Hörnchen, Brezeln, Schwarz- und Weißbrot, Burek und süße Teilchen auf ihn warten. Der Briefträger und der Mützenmacher analysieren noch eine Weile die Partien, lösen Aufgaben mit mehreren Zügen und beschwören die Zeiten, als Bobby Fischer Weltmeister war. Dann stößt die Frau des Briefträgers im Schlafzimmer einen Unmutsschrei aus, und der Mützenmacher macht sich schnell und leise davon. Der Briefträger sammelt die Figuren ein, klappt die Schachbretter zusammen, stellt die Stühle an ihren Platz zurück, lüftet das Zimmer. Vorher macht er das Licht aus, damit keine Mücken oder Nachtfalter hereinfliegen. Er denkt an den verpaßten Zug mit dem Springer bei der Partie gegen den Bäcker, der ihm erst einfiel, als er schachmatt gesetzt wurde. Er schließt das Fenster, geht ins Schlafzimmer, zieht sich aus und legt sich ins Bett. Seine Frau schnalzt im Schlaf. Draußen zeigt sich die Morgenröte, und bevor er einschläft, denkt der Briefträger noch einmal an den Bäcker und den Mützenmacher, dann an den heißen Backofen, danach an eine Stahlnadel, an eine Brezel und an eine Goldlitze.

—

Die Tochter des Bäckers will nicht lernen. Die Schule interessiert mich nicht, sagt sie trotzig. Sie hat einen kleinen Schmollmund, blaue Augen und eine Stupsnase. Sie sitzt dem Bäcker gegenüber und sammelt Brotkrümel von der Tischdecke auf. Der Bäcker ist ratlos. Es wäre einfacher für ihn, wenn seine Frau, die Mutter des Mädchens, mit ihnen am Tisch säße, aber sie ist vor sechs Jahren nach Deutschland gegangen und noch nicht zurückgekommen. Der Bäcker ahnt, daß sie nicht mehr zurückkehren wird, aber das würde er nie sagen, weder zu sich noch laut. Statt dessen herrscht er die Tochter an: Du machst das Gymnasium zu Ende, danach kannst du tun, was du willst. Dann schlägt er mit der Faust auf den Tisch, und eine kleine Mehlwolke steigt auf, feiner als jeder Staub.

—

Samstags nach dem Mittagessen ordnet der Briefträger seine Briefmarkensammlung. Er begann zu sammeln, als er ein kleiner Junge war, als er noch nicht daran dachte, eines Tages Briefträger zu werden. Und als er noch nicht wissen konnte, daß es in der Welt nichts Schwierigeres gibt, als die eigene Leidenschaft zu zügeln, als die Qual, die er jedes Mal erleidet, wenn er auf einem Brief, den er in einen Briefkasten einwerfen muß, eine Briefmarke erblickt, die er gerne in seiner Sammlung hätte. Es geht um Briefmarken, auf denen Münzen und Geldscheine abgebildet sind, was eigentlich, so sagte einmal der Mützenmacher, eine schlaue Art sei, zwei Dinge gleichzeitig zu sammeln. Der Briefträger hat sich allerdings ganz zufällig für Briefmarken mit numismatischen Motiven entschieden, was jedoch seine Verzweiflung nicht mindert, wenn er unter Herzklopfen Briefe mit solchen Briefmarken durch die schmalen Spalten einwirft. Er tut es so, daß die Briefmarken durch die Öffnungen im Briefkastentürchen sichtbar bleiben. Während er dann weitergeht, dreht er sich öfter um und denkt daran, wie schwer sie es in der Dunkelheit haben.

—

Der Mützenmacher ist Witwer. Seine Frau ist nur zwei Monate nach der Hochzeit gestorben, als sie mit dem Fahrrad nach Hause fuhr. Sie war in den Laden des Mützenmachers gekommen, um ihm Krapfen zu bringen. Da kam ein Sturm auf, einer von jenen plötzlichen und heftigen Sommerstürmen, und sie beschloß zu warten, bis das Unwetter vorbei war. Eine halbe Stunde später, als die Wolken sich verflüchtigt hatten, gab sie dem Mützenmacher einen Kuß und schwang sich aufs Fahrrad. Während sie durch den Stadtpark fuhr, lösten sich Regentropfen von den schaukelnden Zweigen und fielen auf ihren Nacken. Sie hob die Hand, um die Tropfen wegzuwischen, da rutschte das Fahrrad auf dem nassen Laub aus, sie stürzte und schlug mit der Schläfe gegen eine Betonkante oder vielleicht gegen die Metallumrandung des Rasens und verlor das Bewußtsein. Sie lag mit dem Gesicht in einer Pfütze, und so fand man sie gegen Abend, ertrunken und aufgedunsen, und der Himmel war ganz klar.

—

Es ist wieder Freitag. Der Briefträger spielt gegen den Bäcker und den Mützenmacher. Er spielt kühner als gewöhnlich, opfert Figuren, führt riskante Züge aus, greift sogar dann an, wenn er sich verteidigt. Der Bäcker ergibt sich als erster, er steht ohnehin vor einem unvermeidlichen Matt, während der Mützenmacher sich weiterhin wehrt, bis der Briefträger mit einem Bauern die letzte Reihe erreicht. Da ergibt auch er sich. Der Briefträger zieht ein dickes Heft hervor und trägt die Ergebnisse ein. Der Bäcker geht als erster weg, der Mützenmacher etwas später, der Briefträger starrt noch eine Weile auf das Schachbrett und versucht, eine Schachaufgabe aus der Zeitung vom Tage zu lösen. Jeden Augenblick kann seine Frau ihren Unmutsschrei ausstoßen, deshalb denkt er schnell und natürlich falsch, so daß ihm nichts anderes übrig bleibt, als am nächsten Morgen früh aufzustehen und die Zeitung mit der Auflösung zu kaufen.

—

Der Briefträger sammelt Briefmarken; der Mützenmacher sammelt Abzeichen; der Bäcker sammelt nichts. Der Briefträger hat zwei Sammlungen: bei der einen geht es um Marken mit Geldscheinen, bei der zweiten um solche mit Münzen aus verschiedenen Metallen. Außer diesen interessiert ihn nichts. Der Mützenmacher hingegen sammelt alle Abzeichen, so daß nicht einmal er selbst sich in diesem bunten Sammelsurium mehr zurechtfindet. Der Bäcker hat einen kleinen Soldat Schwejk aus Glas, den er vor vielen Jahren aus Prag mitgebracht hat. Das ist meine Sammlung, sagt er, wenn er es leid ist, sich die Geschichten über die Briefmarken und die Abzeichen anzuhören. Der Mützenmacher und der Briefträger protestieren – Was ist das für eine Sammlung, die aus einem einzigen Gegenstand besteht? –, aber das währt nicht lange. Der Bäcker braucht ihnen nur seine kleine Figur zu zeigen, und sobald sie des Schwejk sanftes Lächeln, die feinen Bläschen auf seinem Bierkrug, die glänzenden Knöpfe an seiner Uniform sehen, nicken sie und sind sofort still.

—

Nichts würde mir größere Freude bereiten, sagt der Bäcker zum Mützenmacher, als wenn der Briefträger mir einen Brief von meiner Frau aus Deutschland brächte, mit einer Briefmarke, auf der eine uralte Münze abgebildet ist. Das brauche nicht einmal ein Brief zu sein, sagt der Bäcker, eine Ansichtskarte genüge vollkommen, aber mit einer ebensolchen Briefmarke. Von wo? – fragt der Mützenmacher. Das ist egal, sagt der Bäcker, sie könnte altrömisch, chinesisch oder sonstwas sein. Ich meine nicht die Münze, sagt der Mützenmacher, sondern die Stadt. Oh, sagt der Bäcker, das weiß ich nicht.

—

Wenn der Briefträger frühmorgens loszieht, meint er, seine Schulter wird ihm abfallen, so schwer ist seine Tasche. Am frühen Nachmittag, wenn er zum Postamt zurückkehrt, ist die Tasche leer und leicht, der Briefträger hüpft geradezu beim Gehen. Aber während sich die anderen Briefträger beeilen, so schnell wie möglich ihre Arbeit im Postamt zu erledigen, macht er alles langsam: er sortiert die nicht zugestellten Briefe, prüft das Buch mit den Unterschriften, rechnet aus, wieviel Geld ihm nach den Ein- und Auszahlungen geblieben ist, macht seine Tasche sauber, bürstet seine Schuhe. Manchmal bleibt er im Postgebäude bis zur Abenddämmerung und geht erst nach Hause, wenn keine Schatten mehr fallen.

—

Der Mützenmacher ist müde, seine Finger tun ihm weh, er sieht immer schlechter, leidet an hartnäckigem Sodbrennen, hat Hämorrhoiden. Dennoch kann ihn nichts daran hindern, seinen Laden um acht Uhr morgens zu öffnen, ihn am Mittag zuzumachen, um vier Uhr nachmittags wieder zu öffnen und um acht Uhr abends endgültig zu schließen. Samstags arbeitet er von acht bis drei. Weil dann in der Nähe Markt ist, kommen viele Menschen vorbei, obwohl wenige, selbst wenn sie vor dem Schaufenster stehenbleiben, sich dazu entschließen, den Laden zu betreten. Man muß übrigens der Wahrheit zuliebe sagen, daß nur noch wenige Menschen Mützen tragen, zumindest nicht solche, wie sie der Mützenmacher anfertigt. Manchmal kommt es im Sommer vor, daß eine junge Mutter mit einem Kinderwagen hereinkommt und eine kleine Mütze aus weißer Baumwolle mit einem blauen Plastikschirm kauft, um ihr Kind vor zu starker Sonne zu schützen. Schirmmützen und Baskenmützen kauft keiner mehr, und wenn diese vom langen Liegen im Schaufenster verschossen sind, wirft der Mützenmacher sie in den Müll. In einem Winter ist es ihm gelungen, fünf oder sechs Mützen mit Ohrenklappen zu verkaufen, aber die nächsten Winter waren so mild, daß alle, sogar die älteren Menschen, ohne Kopfbedeckung liefen.

—

Der Bäcker träumt von Brezeln. Im Traum sehen sie anders aus als die, die er verkauft. Sie sind größer und verschnörkelter, die reinsten Labyrinthe. Knabberte sie jemand an einem Ende an, könnte er sich leicht in deren Mitte verirren, und wer weiß, ob er jemals wieder hinausfinden würde. Wenn der Bäcker den Blick hebt, sieht er, daß auch die Wolken die Form von Brezeln haben. Regentropfen fallen auf seine Hand, und wenn er sie ableckt, schmecken sie salzig.

—

Die Frau des Briefträgers geht regelmäßig zur Kur. Im vergangenen Sommer war sie in Banja Koviljaěa, davor war sie in Niška Banja, diesmal hat sie ein Zimmer in einer Pension in Vrujaěka Banja reserviert. Zur Feier ihrer Abreise veranstaltet der Briefträger ein Blitzturnier, das die ganze Nacht dauert. Anfangs liegt der Mützenmacher in Führung, dann kommt der Briefträger an die Spitze, wird aber fünfzig Minuten später vom Bäcker überholt. Wenn sie vom ständigen Schlagen auf die Uhr müde sind, trinken sie genüßlich

Schnaps und essen dazu Schinken und Käse. Draußen wird die Nacht immer blasser, der Osten färbt sich rot, die Vögel beginnen zu zwitschern. Ich habe beschlossen, sagt plötzlich der Briefträger, meine Frau umzubringen, nur weiß ich noch nicht, wie. Der Bäcker und der Mützenmacher lachen zunächst, dann schauen sie ihn an, ihre Gesichter verdüstern sich. Das meinst du, sagt der Bäcker, doch nicht im Ernst? Der Briefträger schweigt. Er meint es ernst, sagt der Mützenmacher, siehst du das nicht? Doch, sagt der Briefträger, ich habe es noch nie so ernst gemeint. Aber warum, fragt der Bäcker, weswegen denn? Der Briefträger nimmt einen kleinen Schluck und zuckt mit den Achseln. Der Mützenmacher fährt sich mit der Zunge über die Lippen. Der Himmel ist inzwischen ganz blau, die erste Wolke ist schon zu sehen.

—

Des Bäckers Tochter sitzt am Fenster und beobachtet, wie die Regentropfen auf den Asphalt prasseln. Vor ihr auf dem Tisch liegt ein aufgeschlagenes Buch; hinter ihr im Regal spielt das Radio; über ihr an der Zimmerdecke sieht man einen feinen Kranz, die Grenze, bis wohin bei einem Rohrbruch das Wasser durchgesickert ist. Die Tochter des Bäckers denkt manchmal, das Leben habe keinen Sinn, es sei rein zufällig entstanden, daher sei die Ziellosigkeit sein einziges Ziel. Sie traut sich nicht, das ihrem Vater zu sagen, weil sie weiß, daß er imstande wäre, vor Wut mit einem Brotlaib auf sie einzuschlagen. Zum Glück, denkt sie, haben wir immer frisches Brot. Das tut weniger weh.

—

Der Mützenmacher ist nervös. Schon zum dritten Mal hat er sich mit der Nadel in den Finger gestochen, diesmal wirklich tief. Er legt den Stoff auf den Tisch, preßt die Fingerkuppe zusammen, beobachtet, wie der Blutstropfen dicker wird und Gestalt annimmt, als wolle er nie zerplatzen. Dann sieht er vor seinem inneren Auge, wie der Briefträger mit der Axt ausholt, aber bevor die Axt den Bogen vollendet, macht der Mützenmacher die Augen zu und hofft, keinen Schrei zu hören.

—

Das Leben in einem Kurort ist langweilig. Morgens vor dem Frühstück und spätnachmittags vor dem Abendessen trinkt man Heilwasser. Im Laufe des Tages nimmt man in einem Kaffeehaus schwachen, süßen Mokka zu sich, nach dem Mittagessen wird im Zimmer die Zeitung gelesen. Abends nach dem Essen spaziert man durch die Hauptstraße und den Park, rauf und runter, fünf-, sechsmal, ganz gemütlich. An den ersten Abenden nach der Ankunft kann man nur schwer einschlafen wegen der lauten Musik, die von allen Seiten dröhnt. Später wird die Musik nur eines von vielen Hintergrundgeräuschen. Dann schläft man viel schneller ein, manchmal sogar schon, bevor man sich hingelegt hat, und dann schläft man im Stehen oder auf dem Stuhl, die Ellenbogen auf dem Tisch.

—

Der Bäcker und der Mützenmacher treffen sich auf der Uferpromenade. Was sollen wir tun, fragt der Mützenmacher, wir können doch nicht zulassen, daß er seine Frau einfach umbringt? Ja, sagt der Bäcker, mit wem sollen wir dann Schach spielen?

—

Der Briefträger sagt: Wenn alles vorbei ist, kommt der schwierigste Teil – die Beseitigung der Leiche –, aber ich habe einen guten Plan. Der Mützenmacher und ich stecken sie in einen Sack, packen sie in den Kofferraum, fahren zur Bäckerei, wenn niemand dort ist, schieben sie in den Ofen, und im Handumdrehen ist alles erledigt. Wir müssen sie nicht einmal aus dem Sack herausnehmen, das macht es leichter. Und der Bäcker, sagt der Mützenmacher, was soll er tun?

—

Der Bäcker nimmt den Hörer ab und wählt die Nummer der Polizei. Das Telefon klingelt, der Bäcker legt den Hörer wieder auf, bevor sich jemand melden kann. Dann hebt er ihn wieder ab, hält ihn ans Ohr und verharrt in dieser Stellung, bis es Zeit ist, den Laden zu schließen.

—

Wenn das Leben so geordnet wäre wie das Schachspiel, sagt der Mützenmacher, ließe sich alles mit ein paar guten Kombinationen lösen. Aber das Leben ist kein Schachspiel, das Leben ist unordentlich und chaotisch, und falls es überhaupt von etwas gelenkt wird, dann von der Konfusion der Wirklichkeit, der Willkür des Augenblicks und der Unbeständigkeit der Zurechnungsfähigkeit. Daher hat nichts im Leben einen Sinn, daher kommt der Tod immer plötzlich und unabwendbar wie das Schustermatt.

—

Das Leben im Kurort ist langweilig, die Tage sind lang, die Zeit endlos, vor allem nachts. Jedesmal, wenn die Frau des Briefträgers im Dunkeln die Augen aufmacht, meint sie, die Uhrzeiger stünden still. Wenn sie tagsüber an der Heilquelle Schlange steht, hat sie an nichts anderes zu denken als an das Mittag- und das Abendessen. Nach dem Abendessen geht sie – meistens alleine – ein wenig spazieren in der Hauptstraße oder in der Mittelallee des Parks, der einzigen, die beleuchtet ist. Im Gebüsch am Rande der Dunkelheit hört man Seufzen und Keuchen, Stöhnen und Schluchzen, aber sie tut, als sei nichts. Sie starrt auf den Boden und reibt sich von Zeit zu Zeit die Wangen, denn nur so kann sie ihre Schamröte verbergen.

—

Der Bäcker, der Briefträger und der Mützenmacher sitzen in des Briefträgers Wohnung. Sie spielen nicht, lösen keine Schachaufgaben, erzählen sich keine Anekdoten aus dem Leben berühmter Schachmeister, schwelgen nicht in Erinnerungen an die Ergebnisse von Schacholympiaden. Der Bäcker trinkt Bier, der Briefträger schlürft Schnaps, der Mützenmacher knabbert an Salzstangen. Der Bäcker setzt an, etwas zu sagen, dann überlegt er es sich, schüttelt den Kopf, stößt einen tiefen Seufzer aus. Der Mützenmacher fährt sich mit der Zunge über die Lippen. Der Briefträger kippt den Schnaps hinunter, steht auf, setzt sich wieder hin.

—

In dem Augenblick, als er die Finger öffnet und der Ansichtskarte erlaubt, durch den Schlitz zu gleiten, erkennt der Briefträger die Handschrift seiner Frau, aber es ist bereits zu spät. Die Ansichtskarte liegt unerreichbar im Bauch des Briefkastens, zu sehen sind nur die Buchstaben, die er durch die kleinen Öffnungen unten an der Briefkastentür entziffern kann. Die erste Öffnung verrät die Buchstabengruppe »aum«, durch die zweite liest man »wart«, die dritte umrahmt die Buchstaben »rück«. Auf dem Briefkasten steht der Name ihrer Trauzeugin Slavica Prutovičé. Der Briefträger könnte zur dritten Etage hinaufsteigen, klingeln und sie um den Briefkastenschlüssel bitten, aber er weiß, das würde er nie tun. Statt dessen denkt er eine Weile an einen Bohrer, dann an einen kräftigen Fußtritt und dann an nichts mehr. Er steht nur da, schaut und spürt, wie der Taschenriemen in seine Schulter einschneidet.

—

Es regnet. Es regnet in der Hauptstadt, es regnet im Kurort, es regnet auf die Felder dazwischen, auf die Dörfer an den Berghängen, auf die Wege, die sie verbinden und trennen, es regnet ununterbrochen, der Regen füllt Flüsse und Seen, speist unterirdische Bäche, denkt nicht daran aufzuhören. Das ist die Sintflut, denkt die Tochter des Bäckers und lehnt die Stirn gegen die Fensterscheibe. Ein Regenschirm überquert die Straße, als liefe er von selbst, als würde er nicht von jemandem getragen. Bei der ersten Gelegenheit, denkt die Tochter des Bäckers, werde ich mit meinem Freund bis zum Äußersten gehen, nichts wird mich daran hindern, am allerwenigsten der Regen.

—

Ich sollte einmal eine Riesenbrezel backen, die größte der Welt, sagt der Bäcker, für das Guinness-Buch der Rekorde, und du, sagt er zum Mützenmacher, du könntest die größte Schirmmütze der Welt anfertigen, dann würden wir beide in der neuesten Ausgabe zusammen erscheinen neben den Fotos der schwersten Kartoffel und des größten Hundekuchens. Ich weiß nicht so recht, sagt der Mützenmacher, niemand kauft mehr Schirmmützen.

—

Die Frau des Briefträgers ist überrascht, als sie den Briefträger auf dem Bahnsteig des Busbahnhofs erblickt. Früher hat er sie nie abgeholt, gleich wo sie gewesen war und wie lange die Reise gedauert hatte. Der Briefträger nimmt ihr die Reisetasche ab, geht mit ihr zum Taxi, erzählt ihr von Problemen, die der Nachbar über ihnen bekommen hat. Vor der Wohnung angekommen, schließt er die Tür auf. Die Frau des Briefträgers verbirgt ihre Überraschung nicht: die Wohnung ist aufgeräumt, gelüftet, die alten Zeitungen sind in einer Ecke der Diele aufgestapelt, die Schuhe geputzt. In der Küche steht auf dem Tisch ein Teller mit Apfelkuchen, mit feinem Kristallzucker bestreut. Der ist für dich, sagt der Briefträger, ich habe ihn genau so gemacht, wie du ihn gern hast. Hast du Zimt hineingetan? – fragt die Frau des Briefträgers. Natürlich, antwortet der Briefträger, und ein wenig, ein klein wenig gemahlene Mandeln. Die Frau lächelt, stellt sich auf die Zehenspitzen und gibt ihm einen Kuß auf die Wange. Den will ich gleich probieren, sagt sie, ich wasche mir nur eben die Hände.

Der Widerstand

Antonia war von Anfang an gegen diese Reise. Zuerst behauptete sie, sie habe nichts anzuziehen. Dann wandte sie ein, das lange Sitzen bei den Überseeflügen führe zu Blutgerinnseln in den taub gewordenen Beinen der zusammengepfercht sitzenden Passagiere. Später beteuerte sie, sie möge kein Gebirge, sie sei schon immer ein Kind der Ebene gewesen, und die Aussicht von einem Gipfel bedeute ihr nichts. Dann deutete sie auf die Warzen an ihren Füßen, wies darauf hin, daß sie nicht lange stehen oder laufen könne. Ein andermal redete sie von niedrigem Blutdruck und ständigem Schwindel. Alle paar Augenblicke stieß sie einen tiefen Seufzer aus, faßte sich an den Leib, preßte die Hände gegen den Nacken. Ihre Freundinnen hätten sie ausgelacht, so erzählte sie, als sie erfuhren, wohin sie fahren wolle. Sie hätten wissen wollen, was es dort überhaupt zu kaufen gäbe. Antonia wurde unberechenbar und jähzornig, man wußte nie, ob sie vielleicht gleich aus der Haut fahren würde. Dann legte sie sich eine Geschichte zurecht, wonach die Reise das empfindliche Gleichgewicht ihres Körpers stören würde, was ungeahnte Folgen haben könne. Angeblich hatte sie auch einen warnenden Traum gehabt, aber sie konnte sich an keine Einzelheit erinnern. Sie habe Angst vor Schnee, sagte sie noch, was solle sie bloß machen, wenn sie dort eingeschneit würde? Sie schlug mit der Faust auf den Tisch. Ihr Mund verzerrte sich, sie begann zu zwinkern. Tagelang erging sie sich in wüsten Beschimpfungen. Am Ende wußte sie nicht, was sie noch vorbringen sollte. Da packte sie ihren Koffer.

Die andere Sprache

1.

Nachdem sie die Grenze hinter sich gelassen hatten, ging alles schneller. Bis dahin waren alle Bewegungen Zorans verlangsamt, wie unter Wasser, als hingen Gewichte an seinen Armen und Beinen, aber als der ungarische Zollbeamte endlich das Zeichen gab und der Bus sich in Bewegung setzte, wurde die Luft auf einmal frischer, Zorans Kopf kam an die Oberfläche, und er atmete, in die Dunkelheit starrend, in tiefen Zügen, wie einer, der zu ertrinken drohte und gerade noch seinem Schicksal entkommen ist. Er hatte vier Jahre in Belgrad verbracht und die Stadt während dieser Zeit liebgewonnen. Er fühlte sich wohl auf ihren steilen, unordentlichen, verstopften Straßen, wenn auch, zugegeben, nicht so wohl wie auf den Straßen Banja Lukas, aber je vertrauter ihm die Stadt wurde, je mehr er in ihren Rhythmus, in den Wechsel von Lichtern und Schatten eintauchte, um so mehr entfernte er sich von ihren Einwohnern, die ihm ohne Hemmungen bei jeder Gelegenheit zu verstehen gaben, daß er ein Fremder war. Es genügte, daß Zoran den Mund aufmachte, daß seine weiche bosnische Aussprache erklang, schon schob sich ein Schleier des Mißtrauens über die Augen der Leute, die soeben noch freundlich auf ihn zugegangen waren, schon wich ihre anfängliche Liebenswürdigkeit einer gekünstelten Herzlichkeit, und ihre Worte versickerten in Schweigen wie ein austrocknender Bach. Daher sollte man vielleicht nicht sagen, daß Zoran Belgrad verließ, sondern daß er vor der Flut der Stille floh, die ihn zu verschlucken drohte. Wenn ich schon ein Fremder sein muß, sagte er zu seiner Zimmerwirtin, die ebenfalls aus Bosnien stammte, dann gehe ich irgendwohin, wo ich wirklich einer bin. Und so saß er jetzt im Bus, der ihn zum Budapester Flughafen brachte, von wo er zuerst nach Frankfurt und einige Stunden später über den Ozean nach Kanada fliegen würde.

2.

Auf dem Flughafen von Calgary, während er in der Schlange vor dem Schalter für Einwanderer stand, schnupperte ein junger, schlanker Schäferhund an ihm, schaute ihm kurz in die Augen, wedelte einmal mit dem Schwanz und zog weiter. Zoran wußte, daß der Hund nach Rauschgift oder Waffen suchte, und dennoch war er bereit, in diesem kurzen Beschnuppern ein Zeichen zu sehen, die Ankündigung einer Veränderung, die Bestätigung dafür, daß es eine Zukunft gab. Inzwischen hatte der Hund, folgsam hinter seinem Führer, einem Polizisten, hertrottend, die Halle verlassen. Später, als Zoran seine Sachen auf einen Gepäckkarren lud, sah er ihn wieder: er hockte neben dem Ausgang, und seine hoch in die Luft erhobene Schnauze zuckte.

3.

Nach Belgrad, wo die Straßen immer wieder in eine völlig unvorhersehbare Richtung abbogen, brauchte Zoran mehrere Wochen, bis er sich an die einfache, rechtwinkelige Struktur Calgarys gewöhnt hatte, an die Regelmäßigkeit, die sich erst im nördlichen, hügeligen Teil der Stadt und entlang der durch sie fließenden Flüsse und Bäche verlor. In der ersten Zeit vermied er es, vor allem abends, sich zu weit von dem Hochhaus an der Ecke der Vierzehnten Avenue und der Dreizehnten Straße zu entfernen, wo er eine Einzimmerwohnung gemietet hatte. Später wurden seine Spaziergänge immer ausgedehnter und die Wege immer verworrener, bis er schließlich einmal eine ganze Nacht draußen verbrachte. Es war Sommer, die Nacht kurz, sie dauerte keine fünf Stunden, aber Zoran wußte, daß er eine Grenze erreicht hatte, die er nicht überschreiten sollte. Als er loszog, bog er nach rechts ab, in Richtung Osten, und zurück kam er von links, aus dem Westen. Er spürte eine große Müdigkeit, als wäre er um den ganzen Erdball gelaufen. Er schloß die Haustür auf und trat in die Eingangshalle des Gebäudes, in dem er wohnte. Sogleich umgab ihn der süßliche Geruch, der immer dort hing, eine Mischung aus Schimmel, Desinfektionsmittel und stickiger Luft. In seiner Wohnung setzte er sich auf das Sofa, sah Reklameblättchen durch, die sich auf dem Boden stapelten, schaute dann lange zur Decke. Die Muskeln seiner Füße prickelten. Er schloß die Augen und verfolgte so lange wie möglich aufmerksam, wie er in Schlaf versank.

4.

An einem Herbstabend ging er zum Zentrum für Zugewanderte, wo es eine Abteilung für die Betreuung der Einwanderer aus dem ehemaligen Jugoslawien gab. Irgendwo, er konnte sich nicht mehr erinnern, wo, hatte er die Telefonnummer bekommen. Als er sich dort meldete, bot ihm ein Mann mit Novisader Akzent jede Hilfe beim Sich-Zurechtfinden in der Stadt an, aber auch – wie er hinzufügte – beim Sich-Zurechtfinden in sich selbst. Der Mensch könne nicht, sagte dieser Mann, für immer den angestammten Ort wechseln und dabei selbst unverändert bleiben, man könne und solle jedoch das Ausmaß dieser Veränderung kontrollieren, was, auweia, die meisten Einwanderer aber nicht taten. Zoran konnte sich nicht erinnern, wann er zum letzten Mal, sei es in Belgrad oder in Banja Luka, das Wort »auweia« gehört hatte, und das bewog ihn, die Einladung trotz Widerwillens anzunehmen und das Zentrum aufzusuchen. Der Mann mit dem Novisader Akzent war kleinwüchsig, fast kahlköpfig und hatte dunkle Ringe unter den Augen. Er leitete die Orientierungsprogramme, während eine junge Frau aus Zenica mit kurzem Haar und blauem Lidschatten für die Familienaktivitäten und die Betreuung von Kleinkindern zuständig war. Der

Mann aus Novi Sad gab Zoran einen Umschlag mit einem Stadtplan von Calgary, einer Liste der Schulen, die Englischunterricht erteilten, einigen Broschüren über bundesstaatliche und regionale Programme und einem Veranstaltungskalender der lokalen Museen, Theater und Bibliotheken. Das alles diene dazu, sagte er, sich in der Stadt zurechtzufinden, aber wie stehe es mit der Seele? Mit welcher Seele? fragte Zoran. Man habe gewöhnlich nur eine, sagte der Mann, obwohl sie sich manchmal spalten könne. Zoran winkte ab. Er wußte nichts von einer Seele und war auch nicht sicher, ob er etwas über sie erfahren wollte.

5.

Später dachte er noch oft an diese Frage nach der Seele, fand aber keine Antwort. Er legte seine Hände auf verschiedene Körperteile – auf die linke Brustseite über dem Herzen, auf seinen Bauch in der Nähe der Leber, auf die Stirn und den Scheitel, und einmal sogar, während er duschte, auf seine Hoden –, aber nirgendwo spürte er ein besonderes Pulsieren, nirgendwo fand er ein Zeichen, das ihm sagte, oder wenigstens andeutete, daß sich da, an einer dieser Stellen, seine Seele befand. Vielleicht bin ich ein Mensch ohne Seele, schrieb er in einem Brief an seinen besten Freund Igor, der jetzt in Holland lebte, vielleicht bin ich ein lebender Toter, der umherwandert, ohne zu wissen, daß er tot ist, und der sogar, wie du siehst, Briefe schreibt und wer weiß was noch alles tut? Igor schickte ihm eine große Ansichtskarte von Amsterdam, auf der einer der dortigen Plätze abgebildet war, mit nur einem Satz: Pfeif auf die Seele, sag lieber, ob du was zu ficken hast?

6.

Obwohl er weiterhin regelmäßig an Igor schrieb, beantwortete Zoran diese Frage nie, und zwar nicht, weil ihm unangenehm gewesen wäre, eine verneinende Antwort zu geben – er gehörte nie zu den Männern, die mit ihren Erfolgen bei Frauen prahlen –, sondern weil er nicht imstande war zu erklären, was mit ihm geschah. Gleich nach der Ankunft hatte er beschlossen, möglichst wenig Kontakt zu Leuten aus seinem ehemaligen Land zu haben, weil er dachte, dies sei der beste Weg, jeglichen Mißverständnissen aus dem Weg zu gehen. Er glaubte anfangs, dadurch würden sich zahlreiche Möglichkeiten für neue Bekanntschaften eröffnen, aber am Ende mußte er sich sein Scheitern eingestehen. Das bezog sich nicht nur auf Frauen, sondern auch auf Männer und sogar auf Kinder. Sobald er Fremden gegenüberstand, war Zoran einfach nicht imstande, etwas zu sagen, er stotterte, ruderte mit den Armen, und all sein Englisch verwandelte sich in eine klebrige Masse, aus der er auch bei größter Mühe nichts schöpfen konnte. Wenn er in seiner Wohnung vor dem Fernseher saß oder die Zeitung las, hatte er immer das Gefühl, dem Dialog oder dem Satzbau mit Leichtigkeit zu folgen, aber sobald er mit einem Menschen aus Fleisch und Blut sprechen sollte, gleich ob mit einem Verkäufer oder einem Berater in der staatlichen Agentur für die Unterstützung neuer Einwanderer, spürte er, wie die englischen Vokabeln in seinem Inneren versanken wie Ziegelsteine in dunklem Wasser. Vergebens versuchte er, sie aufzufangen: die Wörter stürzten in die Tiefe, und er stand da mit offenem Mund wie ein Fisch auf dem Trockenen. Deshalb sprach er fast mit niemandem, außer gelegentlich mit sich selbst, manchmal vor dem Spiegel, manchmal auf der Straße, wenn er bei einem Stadtbummel sein Spiegelbild in einem Schaufenster sah.

7.

Unglaublich, mit welcher Geschwindigkeit das Leben zur Routine wird. Das Aufstehen frühmorgens, das Zubettgehen am späten Abend, das Mittagessen genau um zwölf. Das Neue wurde schnell zum Alten; das Ungewöhnliche verlor den Schleier des Geheimnisvollen; der Raum erhielt Koordinaten, auf die man sich verlassen konnte. Obwohl er alles noch ein wenig von außen betrachtete und obwohl er überzeugt war, für immer ein Fremder zu bleiben, ertappte Zoran sich immer öfter dabei, daß er von Calgary als seiner Stadt sprach. Und als er kleine, geheimnisvolle Winkel entdeckte, Winkel, zu denen er immer wieder zurückkommen konnte und in denen er nicht den Widerschein ähnlicher Winkel in Banja Luka suchte, wußte er, daß er angekommen war. Es gab keine Heimkehr, das stimmte, aber dafür stand ihm frei, wenn das alte Heim schon unerreichbar war, ein neues zu gründen. Sind die Fundamente einmal ausgehoben, wachsen die Mauern von alleine.

8.

Es gab Tage, an denen es ihm doch unmöglich schien, sich von seinen Landsleuten fernzuhalten. Von allen Aufgaben, die er sich gestellt hatte, war diese die schwierigste. In seinem Hochhaus gab es etwa dreißig Wohnungen. Siebzehn davon hatten Menschen aus seinem ehemaligen Land belegt. Jedesmal wenn er in den Aufzug stieg, gleich zu welcher Tages- oder Nachtzeit, wurde dort Serbisch gesprochen: Frauen erzählten von Schlußverkäufen, Männer diskutierten über Autos, Kinder kreischten. Einmal schien ihm sogar, ein großer schwarzer Hund habe guten Tag gesagt und ihn, ohne seine bosnische Aussprache zu verbergen, gefragt, ob es was Neues gebe. Das Mädchen, das die Leine in der Hand hielt, schaute ihn nicht an, sie starrte in eine obere Ecke des Aufzugs, wo sich die Kamera befand, so daß Zoran sich in aller Ruhe fragen konnte, ob er dabei sei, den Verstand zu verlieren. Der Hund wedelte mit dem Schwanz und wandte den Blick nicht von ihm, sagte aber nichts mehr. Sie stiegen vor Zoran aus, schon auf der vierten Etage, und einige Jungs mit hellem, kurzgeschnittenem Haar und unruhigen Blicken, die pausenlos Unflätigkeiten über die Ustaschas von sich gaben, stürmten in den Aufzug. Zoran hob die Hände und hielt sich die Ohren zu. Die Jungs verstummten. Was hat er? – fragte leise der kleinste von ihnen. Ein anderer tippte sich mit dem Zeigefinger an die Schläfe. Laß ihn, sagte er, der ist verrückt. Ein dritter Junge fügte hinzu: Alle Kanadier sind verrückt. Die Ustaschas sind auch verrückt, sagte der kleine Junge. Ja, sagte der zweite, die ganze Welt ist verrückt.

9.

Der Novisader aus dem Zentrum für Zugewanderte erwähnte als erster einen Englischkurs. Zoran hatte ihm davor von seinem Problem mit Fremden erzählt, das, wie er meinte, nicht etwa auf mangelnde Sprachkenntnisse zurückzuführen sei, denn er besitze eine solide Grundlage der englischen Sprache, sondern von einem Gefühl der Unsicherheit, des Abgeschnittenseins und der Entwurzelung herrühre. Darauf erklärte ihm der Mann aus Novi Sad, daß, wenn er sich in eine der Sprachschulen einschriebe, er auf die Liste derjenigen käme, denen die Regierung hilft, sich möglichst schnell und gründlich in die kanadische Gesellschaft einzugliedern. Mit anderen Worten, und da zwinkerte der Novisader vielsagend, der Staat würde ihm nicht nur den Kurs bezahlen, sondern auch eine regelmäßige monatliche Unterstützung gewähren. Falls er darüber hinaus noch einen kleinen Job fände, eine Schwarzarbeit natürlich, und da zwinkerte der Mann aus Novi Sad wieder, könne er damit ganz gut leben und vielleicht auch noch etwas beiseite legen. Und habe man erst eine kleine Ersparnis, fügte er hinzu, dann sei alles übrige leichter. Stimmt, sagte Zoran, obwohl er nicht davon überzeugt war.

10.

Und so drückte Zoran wieder die Schulbank. Der Kurs begann an einem Montag, und die Nacht davor, vielleicht sogar kurz vor Tagesanbruch, träumte er von seinem ersten Schultag. Seine Mutter ging mit ihm, genauer gesagt, ein wenig vor ihm, denn er war böse auf sie und lehnte es ab, sich bei der

Hand nehmen zu lassen. In seinem Traum gingen sie am Hotel »Bosna« vorbei und passierten die Brücke über den Vrbas, obwohl im richtigen Leben sein Schulweg anders gewesen war. Dann hörte er das Ticken einer Uhr, ein Minarett begann zu schwanken und stürzte um, und Zoran öffnete die Augen. Er glaubte, noch immer die Stimme seiner Mutter zu hören, aber es war die Stimme der Moderatorin des Frühprogramms in einem der lokalen Rundfunksender. Zoran wusch sich und zog sich an, aß eine Schüssel Cornflakes, schnappte sich den Rucksack, in den er am Tag davor einige Stifte, Schreibpapier, ein englisch-serbokroatisches Wörterbuch aus der Zeit vor dem Krieg und eine Packung Kaugummis gesteckt hatte. Die Schule befand sich wie auch seine Wohnung in der Stadtmitte, aber er mußte sich doch beeilen, um nicht zu spät zu kommen. Als er den Eingang erreichte, stand ihm Schweiß auf der Stirn.

11.

Die Lehrerin hieß Cindy. Sie hatte große blaue Augen und Lachgrübchen. Eine zweite Lehrerin, Mary, unterrichtete am Vormittag, wobei sie besonderes Augenmerk auf die Aussprache und die grammatikalischen Konstruktionen legte, während Cindy um ein Uhr, nach der Mittagspause, kam und ihnen zeigte, wie man Schreibprogramme im Computer benutzte. Heute beschreiben wir, pflegte Cindy etwa zu sagen, was die Erinnerungen für uns bedeuten, und während die Schüler, der eine schneller, der andere langsamer, auf die Tasten hämmerten, ging sie von Bank zu Bank, beantwortete eventuelle Fragen und hinterließ die korrigierten Übungen aus den letzten Stunden. Ihre sommersprossige Hand glitt dabei in Zorans Blickfeld, das Blatt beschrieb einen Bogen in der Luft und landete dann auf dem Tisch, danach pochte ihr Zeigefinger, als habe er ein Eigenleben, schnell, aber sanft zweidreimal neben die Stelle, auf die sie ihn hinweisen wollte. Manchmal war das ein falsch konstruierter Satz, den sie zweimal rot unterstrichen hatte; manchmal ihr Kommentar zu der ganzen Übung (»Hervorragend« oder »Gute Abschnitte, als Ganzes unvollständig!« oder »Beachte die Zeitenfolge!«); gelegentlich, allerdings nicht oft, eine Buchempfehlung. Ihre Hand wurde schnell zu dem, was Zoran in dem Sprachkurs eigentlich am meisten anzog. Die Vormittage zogen sich lange hin in Erwartung ihrer Sommersprossen und, wie er später bemerkte, ihrer hellen Härchen, während die Nachmittage wie im Flug vergingen. Zwischen den Augenblick, da sich ihre Hand in sein Blickfeld schob, und den Augenblick, in dem Cindy ihre Sachen zusammenpackte und das Klassenzimmer verließ, paßte, so schien es ihm, nicht einmal ein Punkt. Die Zeit dehnte und streckte sich vom Morgen bis zum Mittag, dann aber bis zum Spätnachmittag schrumpfte sie zusammen, wurde scharf wie die Spitze einer Stecknadel, wie die Klinge eines Messers. Danach kam die Nacht, die Zeit, in der es nur noch galt, den Nadelstich zu vermeiden, dem Messerschnitt zu entkommen.

12.

Zoran war nicht überrascht, als er eines Nachts Cindy in der Tür seines Zimmers sah: er rückte nur etwas zur Seite und machte ihr in seinem Bett Platz. Später, als er an die Wand gedrückt aufwachte, konnte er nicht glauben, daß er das nur geträumt hatte. Er stand auf, schaute im Badezimmer nach, sah sich in der Küche und in der Diele um. Die Uhr zeigte, daß Mitternacht längst vorbei war. Die Fenster der Bürogebäude im Zentrum der Stadt waren hell erleuchtet. An der Kreuzung sprang die Ampel auf Grün. Die Sirene eines Feuerwehrwagens heulte unheilverkündend. Etwas raschelte auf der Terrasse, und als Zoran zum Vorhang schlich und vorsichtig durchlugte, sah er eine Taube: sie hockte auf der Brüstung und sah ihn unverwandt mit einem Auge an. Dann rutschte das Lid langsam, aber bestimmt herunter, als sollte es sich nie mehr öffnen.

13.

Zoran wußte nicht, was in seinem Traum geschehen war. Er dachte daran, daß ein Hypnotiseur, könnte er nur einen auftreiben, mit Sicherheit den Inhalt wieder zurückrufen und die Rolle, die Cindy darin gespielt hatte, erklären würde. Aber auch ohne Hypnotiseur erkannte er, daß er etwas für ihre Sommersprossen und Härchen fühlte, so als teile er ein Geheimnis mit ihnen. Cindys Hand tanzte vor seinen Augen, ihr Zeigefinger stützte sich auf die unterstrichenen Zeilen, die Härchen legten sich flach, als duckten sie sich vor einem Sturm. Zoran wagte nicht zu atmen, bis sie zur nächsten Bank ging, und selbst dann holte er nur langsam und zögernd Luft, als fürchte er, sie könne etwas hören. Dann legte er vorsichtig seinen Zeigefinger an die Stelle, die ihr Zeigefinger zuvor berührt hatte, oder malte ein Kreuzchen daneben und verlegte den Akt der Berührung auf später, wenn er nach Hause kam.

14.

Zorans Tagesablauf nahm nun eine festere Form an: von acht Uhr morgens bis drei Uhr nachmittags war er in der Schule; von vier bis sechs machte er Hausaufgaben und wiederholte grammatikalische Regeln, die sie im Unterricht durchgenommen hatten; dann ging er einkaufen, bereitete das Abendessen zu, danach sah er fern; wenn es ganz dunkel wurde, ging er spazieren; vor dem Schlafengehen holte er die Blätter mit Cindys Korrekturen hervor und las aufmerksam jedes von ihr geschriebene Wort; dann nahm er ein kleines Notizbuch mit festem Einband und schrieb den Satz des Tages hinein. Zum Beispiel: »Noch immer warte ich auf ein Zeichen.« Oder: »Früher oder später, aber ohne jede Frage.« Er wußte nicht, warum er das tat. In seinem Kopf spukte der Titel eines Buches herum, das er vor langer Zeit gelesen oder vielleicht nur gesehen hatte, der *Kein Tag ohne eine Zeile* oder so ähnlich lautete, und in diesem Rhythmus der Wiederholung, in der Pflicht zur Wiederholung, fand er die Berechtigung für den nächsten Tag.

15.
Eines Nachmittags, als Cindy ihm seine korrigierte Aufgabe zurückgab, berührten sich ihre Finger. Sie hatte wahrscheinlich nichts bemerkt, zumal sie gleichzeitig eine Frage von Mitko, einem Einwanderer aus Mazedonien, beantwortete, aber Zoran spürte ein leises Aufflammen, etwas wie ein schmerzloses Stechen, das ihn auch dann noch nicht verließ, als er sich kurz nach Mitternacht schlafen legte. Er nahm die Hand unter der Decke hervor und starrte sie in der Dunkelheit an. Wenn die kleinen Stiche durch die Haut drangen, verwandelten sie sich in Funken, die im Zimmer tanzten wie Staubkörnchen in einem Sonnenstrahl. Auf einmal war das Zimmer voller Flimmern, so daß er die Augen schließen mußte. Als er sie wieder öffnete, herrschte Dunkelheit.

16.
Sollte ich mein Leben hier mit einem Wort beschreiben, meinte Zoran in einem Brief an Igor, dann wäre das das Wort »Zerfall«. Egal ob ich laufe oder stillstehe, ob ich liege oder sitze, die Augen offen oder geschlossen halte, ob ich singe oder schweige – ich fühle mich immer gleich: so als strebten Teile von mir von der Mitte weg, die sie nach der Natur der Dinge zusammenhalten müßte. Während ich durch eine Straße gehe, überkommt mich der Gedanke, daß von mir mit einem Mal nichts übrigbleibt, daß ich vor den Augen der verdutzten Passanten plötzlich verschwinde. Mich tröstet einzig die Hoffnung, daß ich mich vielleicht doch irgendwann wieder zusammenfügen werde. Für alle Fälle taste ich morgens meinen ganzen Körper ab, prüfe, ob meine Arme und Beine, Finger und Lippen, die Zunge und die Wimpern, der Magen und die Hoden, der Nabel und die Ellbogen da sind. Noch ist alles da, aber ich weiß, der Tag ist nicht fern,

an dem ich feststellen werde, daß etwas fehlt. So fängt alles an und so endet es.

17.

Daß er sie zu verfolgen begann, dazu kam es ganz zufällig. Zoran war gerade dabei, im Sportgeschäft eines Einkaufszentrums in der Weststadt Turnschuhe anzuprobieren – der rechte paßte gut, aber der linke drückte ein wenig –, und als er aufstand, um einige Schritte zu machen, was der junge Verkäufer mit besorgter Miene verfolgte, als ginge es um den Verkauf nicht nur eines Paares, sondern aller dort ausgestellten Turnschuhe, da erblickte er Cindy. Sie trug zwei große Plastiktüten mit dem Namen eines Kaufhauses, das ebenfalls zum Einkaufszentrum gehörte, und ging schnell und etwas nach vorne gebückt, als habe sie sich verspätet. Schon verschwand sie aus dem Rahmen des Schaufensters. Ohne den überraschten Verkäufer weiter zu beachten, zog Zoran die neuen Turnschuhe aus, drückte sie ihm in die Hand, schlüpfte in seine alten hinein und stürmte aus dem Laden. Er bog nach rechts, lief um einen großen Topf mit einem künstlichen Baum, schaute in ein Schuhgeschäft und in eine Dessousboutique und erspähte dann Cindy unter Leuten, die um Käfige mit Kaninchen und kleinen Nagetieren standen. Zoran ging auf die andere Seite und blieb vor dem Schaufenster eines Elektrogeschäfts stehen. Auf riesigen, flachen Bildschirmen schwangen Baseballspieler ihre Schläger und rannten so lange hinter einem Ball her, bis sie gegen einen Zaun prallten. Zoran tat, als verfolge er die Übertragung des Spiels, in Wirklichkeit beobachtete er, ohne den Kopf zu drehen, Cindy aus den Augenwinkeln. Sie steckte die Hand in einen Käfig, wohl um ein Kaninchen zu streicheln, richtete sich dann auf und ging eilends weiter, und Zoran folgte ihr. Am Ausgang des Einkaufszentrums, als sie die Hand nach der Tür ausstreckte, drehte Cindy sich plötzlich um, und er mußte sich schnell bücken, um den Schnürsenkel am rechten Turnschuh zu lösen und wieder zu binden. Sie hatte ihn nicht bemerkt, dessen war er sich sicher, und als er bald darauf den Ausgang erreichte, sah er sie in ein Auto einsteigen, das bequem in unmittelbarer Nähe geparkt war. Sein Wagen, ein alter »Escort« mit verbeulten Türen, stand viel zu weit weg, auf der anderen Straßenseite. Ihm war klar, daß er es nicht schaffen würde, Cindy nachzufahren, die sich schon in die Autoschlange eingereiht hatte, die den Parkplatz des Einkaufszentrums verließ. Zoran trat ins Freie und holte tief Luft. In ihm zitterte alles, sein Magen zog sich zusammen, das Herz schlug ihm bis zum Hals, seine Hände waren schweißnaß. Er mußte sich irgendwo hinsetzen, also ging er zu den Bänken für Raucher neben einem großen, mit Sand gefüllten Aschenbecher aus Beton. Er zählte siebzehn Kippen, und als er wieder aufstand, konnte man am Himmel, obwohl es noch hell war, den blassen, fernen Mond erkennen.

18.

Einige Tage später, an einem Dienstag, setzte Zoran sich nach dem Nachmittagsunterricht ins Auto und verließ das Schulgelände, hielt aber bald wieder an. Er blieb im Auto sitzen und beobachtete im Rückspiegel die Ausfahrt des Schulparkplatzes. Etwa zwanzig Minuten später, um halb vier, erblickte er Cindy in ihrem Auto. Er ließ den Motor an, drehte den Kopf weg, als sie an ihm vorbeifuhr, wartete noch einen Wagen ab und fuhr dann hinter ihr her. Er durfte keinen zu großen Abstand zulassen, weil sie durch das Stadtzentrum fuhren, wo es von Ampeln und Fußgängern nur so wimmelte. Für alle Fälle setzte er eine Sonnenbrille auf. Er hatte auch an einen falschen Schnurrbart gedacht, wußte aber nicht, wo er einen hätte herbekommen können. Cindy fuhr zunächst in Richtung Westen, bog dann nach rechts in eine der Straßen ein, die zum nördlichen Teil der Stadt führten. Dort fuhr man schneller, und Zoran meinte einen Augenblick, er habe sie verloren. Dann tauchte ihr Auto hinter einem Bus auf der äußersten linken Spur auf, was ihn dazu zwang, den Lenker herumzureißen und einem weißen Kombi den Weg abzuschneiden. Bald gelangten sie in eine Wohngegend, und alles wurde einfacher. Cindy fuhr langsam, und er konnte auf die Namen der Straßen achten, durch die sie fuhren. Als Cindy schließlich vor einem Haus anhielt, fuhr Zoran weiter bis zum anderen Ende der Straße, stieg aus und ging langsam zurück. Er betrachtete das Haus, in das sie hineingegangen war, und merkte sich die Hausnummer. Er spürte, wie sich in seinem Körper Zufriedenheit breitmachte, und während er nach Hause fuhr, trällerte er Lieder, die ihm schon lange nicht mehr in den Sinn gekommen waren.

19.

Der letzte Montag im Monat war dem vorbehalten, was Mary und Cindy »Abbau von Schranken« nannten. Diesmal sollte jeder eine Nationalspeise mitbringen, und anstelle des üblichen Unterrichts, der Grammatikübungen und der Computertests durften sie von ihren Heimatländern und Traditionen erzählen. So brachte der Libanese Omar Homos mit; die Bosnierin Semira hatte Burek gemacht; die Vietnamesin Lin Tran hatte Reis mit Shrimps gekocht; der Chinese Ping hatte ebenfalls Reis, aber mit kleingeschnittenem Schweinefleisch und Bambussprossen; Sevdije aus dem Kosovo brachte Baklava mit; die Pakistanerin Tahira kam mit einer Schüssel Samosas; Konstantin, ein Grieche, hatte Moussaka zubereitet; Zoran steuerte Maisbrot bei, Mary und Cindy Coca-Cola und Säfte. Die Inderin Jasvinder hatte nichts gekocht, dafür aber ein Tonbandgerät und Kassetten mit indischer Musik besorgt. Vom Essen angeregt, sprachen alle gleichzeitig, fuchtelten mit Plastiktellern und dem Eßbesteck, lobten die eigenen und die fremden Kochkünste. Mary und Cindy gingen von einem Schüler zum anderen, erkundigten sich nach den Zutaten und der Zubereitung der Speisen, ermutigten sie, über ihre Zukunftspläne zu reden. Zoran hatte vor zu sagen, er habe keine Zukunft, dann fiel ihm ein, daß die Zukunft das einzige war, was er ganz sicher noch besaß, und daß er vielmehr keine Vergangenheit hatte, sagte dann aber auch das nicht. Wen in Kanada interessierte schon die Vergangenheit? Deshalb spulte er, als Mary und Cindy an seine Bank traten, die übliche Geschichte ab, wie er beabsichtige, an einem College einen Kurs für Computerprogrammierer zu belegen, um auf diese Weise so schnell wie möglich zu einem Teil der Gesellschaft zu werden, der er jetzt angehöre. Ausgezeichnet, sagte Mary und wollte dann wissen, wie man Maisbrot zubereitet. Zoran bot an, ihr das Rezept aufzuschreiben. Während er schrieb, stützte sich Cindy mit beiden Händen auf seine Bank, und er konnte aus den Augenwinkeln die Adern sehen, die runden Fingerkuppen, das Fältchennetz an den Gelenken, die Halbmonde an den Fingernägeln. Er schrieb gerade die Backtemperatur auf, als er bemerkte, daß der Mittelfinger ihrer rechten Hand sich langsam hob, bis er pfeilgerade in seine Richtung zeigte und sich nach einigen Sekunden wieder langsam auf den Tisch senkte. Zoran war überzeugt, dies sei das Zeichen, auf das er wartete, war sich aber nicht sicher, ob es eine Warnung oder eine Ermunterung sein sollte. Er schrieb das Rezept zu Ende, gab Mary das Blatt, und dann, auf einmal mutig geworden, blickte er Cindy geradewegs in die Augen.

20.

Manchmal war es leicht, ihr nachzustellen, manchmal wurde es zu einer verzwickten Suche in einem Labyrinth. Gewöhnlich folgte Zoran nach dem Nachmittagsunterricht Cindy bis zu ihrem Haus und kehrte dann zum Stadtzentrum zurück. Samstags und sonntags gegen zehn Uhr vormittags fuhr er zu einer Straße, die in Cindys Straße mündete, parkte um die Ecke und wartete, bis sie aus dem Haus ging, um jemanden zu besuchen oder einzukaufen. Er wußte nie, wann es soweit war: mehrere Male erschien sie gar nicht, einmal fuhr sie, kaum daß er gekommen war, los, manchmal bekam er erst am frühen Nachmittag ihr Auto zu Gesicht. Am häufigsten ging sie in einem der umliegenden Supermärkte einkaufen, aber zwei- oder dreimal führte sie ihn in den südlichen Teil der Stadt, wo, nach allem zu urteilen, jemand aus ihrer Verwandtschaft oder vielleicht eine Jugendfreundin von ihr wohnte. Einmal, als es regnete, verlor Zoran sie unterwegs und fand sich in einem unbekannten Teil der Stadt wieder. Er geriet in Panik, bis er auf der linken Seite die Silhouette der hohen Bürogebäude im Stadtzentrum erblickte. Ein paarmal wollte er ihr abends nachstellen, aber es gefiel ihm nicht, stundenlang in der Nähe eines Restaurants oder einer Diskothek zu sitzen und ständig auf den Eingang zu starren, ohne kurz aussteigen und einen Kaffee oder einen Krapfen mit Schokoladenguß kaufen zu können. Am liebsten war es ihm, wenn er, die durchsichtigen Schaufenster und die verräterischen Spiegel meidend, in einem Einkaufszentrum hinter ihr her ging. Dort konnte er, wann immer er wollte, mit dem prickelnden Gefühl der Angst spielen, erkannt zu werden, er konnte sich ihr bis auf Reichweite nähern, er konnte, hinter einer Säule versteckt, beobachten, wie sie in Kleidungsstücken wühlte oder in Büchern blätterte und, falls sie sich länger aufhielt und dort zu Abend aß, dasselbe bestellen wie sie, eine chinesische oder japanische Spezialität, eine kleine Portion Eis und einen Kaffee mit Milch, ohne Zucker.

21.

Dann kam der Winter. Die Tage wurden kurz, die Nächte waren von tiefer Dunkelheit erfüllt, die Temperatur stieg nicht über minus zwanzig. Zoran mußte seine Verfolgungen aufgeben. Er konnte nicht mehr stundenlang im Wagen sitzen und warten, es sei denn bei ständig laufendem Motor, aber damit hätte er sicherlich Verdacht geweckt und die Aufmerksamkeit der Nachbarn auf sich gelenkt. Er kaufte eine

Ansichtskarte von Calgary und schrieb an Igor: Es ist soweit. Er hatte sich sogar eine Wollmütze, Stiefel und Handschuhe gekauft, aber die Kälte drang durch alles hindurch, versengte ihm die Haut, trieb ihn zur Verzweiflung. In seiner stickigen Wohnung voll heißer und trockener Luft stand er vor dem Spiegel und sah, wie er zwinkerte. Das Küchenfenster war vereist, die Glühbirne in der Diele flackerte, der Kühlschrank röchelte wie ein kranker Mann. Zoran beugte sich vor und preßte die Lippen auf den Widerschein seiner Lippen im Spiegel. Aus der Wohnung nebenan drangen Kinderstimmen, irgendwo bellte ein Hund. Später vernahm man nur noch das Summen des Aufzugs, dann hörte auch das auf.

22.

Am Freitag, eine Woche vor dem Abschluß seines Englischkurses, verließ Zoran die Schule schon am Mittag, gleich nach dem Vormittagsunterricht. Er hatte einen Termin beim Hals-Nasen-Ohrenarzt. Er müsse, sagte er im Schulsekretariat, schon um ein Uhr im Krankenhaus am anderen Ende der Stadt sein. Er ging jedoch erst nach Hause, von wo er telefonisch die ärztliche Untersuchung auf den nächsten Monat verlegte, dann wärmte er sich eine Dosensuppe auf und aß sie mit einem Margarinebrot, und dann – inzwischen war es fast zwei Uhr – setzte er sich in den Wagen und fuhr zu der Straße, in der Cindy wohnte. Er fuhr bis zum Ende, wendete, fuhr zurück, wieder an ihrem Haus vorbei, bog in die nächste Straße ein und parkte etwas von der Straßenlaterne entfernt, dort, wo schon die fahle Abenddämmerung an den Rändern der Dinge haftete. Er spazierte zurück zu Cindys Straße, und als er ihr Haus erreichte, bog er ab auf einen Pfad zwischen zwei Kiefern, ging ums Haus herum und erreichte den Hintereingang. Wenn er alles schnell, ohne unnötiges Bummeln und Zögern erledigte, würde jemand, der ihn vielleicht beobachtete – und diese Möglichkeit durfte er nicht ausschließen –, bestimmt keinen Verdacht schöpfen. Er holte ein Taschenmesser hervor, und während er mit der linken Hand den runden Türknauf festhielt, schob er die Klinge in den Spalt zwischen Tür und Türpfosten. Da er keine Vorstellung davon hatte, was er eigentlich tun mußte, stocherte er mit dem Taschenmesser in der Höhe des Schlosses herum, aber mit einem Mal schnappte etwas ein, das Schloß bewegte sich, die Tür ging auf, und Zoran stand plötzlich in der Küche, keuchend und schweißgebadet und mit zitternden Knien. Er steckte das kleine Messer in die Tasche, schloß die Tür, schnupperte die Luft. Im Haus war es noch ziemlich hell, und er eilte, es sich anzuschauen, bevor es in Dunkelheit versank. Im Wohnzimmer befanden sich ein Dreisitzer und zwei Sessel, eine Vitrine mit Geschirr und ein Schränkchen mit einem Fernseher und einem Videogerät. Das Bad lag zwischen zwei Zimmern: das kleinere mit einem Computer und Bücherregalen war offensichtlich Cindys Arbeitszimmer, während das größere ihr Schlafzimmer war mit einem überraschend kleinen Bett, einem Nachtschränkchen, auf dem sich eine Lampe und ein Wecker drängten, und mit Stühlen, die mit Kleidungsstücken überhäuft waren. Am anderen Ende des Korridors befand sich eine Treppe, die zum unteren Teil des Hauses führte, aber Zoran warf nur einen Blick über das Geländer. Es war nicht nötig, nach unten zu gehen, wo sich bestimmt nur die Heizung und die Waschmaschine befanden, außerdem befürchtete er, ihm bliebe nicht genügend Zeit bis zu Cindys Heimkehr. Er ging wieder in die Küche und untersuchte sorgfältig den Fußboden, besonders den Teil um den Hintereingang. Wenn die Überraschung komplett sein sollte, durfte er keine Spuren hinterlassen. Er fand nur ein kleines trockenes Blatt, das vielleicht nicht er ins Haus geschleppt hatte, aber für alle Fälle hob er es auf und steckte es in die Tasche. Die Brotkrümel auf dem Tisch ließ er liegen. Er ging ins Schlafzimmer, öffnete den Wandschrank und stieg hinein, mitten zwischen Cindys Kleider, die auf Bügeln hingen. Er schob die Tür des Wandschranks, sie glitt zu und ließ ihn im Dunkeln, umgeben von Düften. Dann ging er in die Hocke, so war es leichter, fand tastend eine Ecke, dort setzte er sich und lehnte sich gegen die Wand. Der Saum eines glatten Stoffs berührte seine Stirn. Im ersten Moment hörte er nichts, aber allmählich vernahm er das Ticken des Weckers auf dem Nachttisch. Tik-tak, sagte der Wecker, tik-tak. Zoran machte die Augen zu. Es wäre gut, dachte er, wenn ich irgendwie auch die Nase zumachen könnte. Dann schlief er ein.

23.
Das Geräusch, das ihn weckte, kam – so schien es ihm zunächst – aus großer Entfernung. Dann begriff er, daß Wasser im Bad in die Wanne lief. Das ließ ihn erstarren und den Atem anhalten. Nach einer Weile hörte er Schritte: ins Schlafzimmer, wieder hinaus. Aus der Küche vernahm er das Klappern von Geschirr, das Öffnen von Schubladen, das Zuschlagen der Kühlschranktür, Husten. Dann hörte er wieder Schritte, sie gingen den Korridor entlang und traten ins Arbeitszimmer. Zoran hob langsam die Arme und verbarg sein Gesicht in den Händen. Früher oder später, das wußte er, würde Cindy den Schrank öffnen, er mußte bereit sein. Er versuchte, sich Cindy vor dem Wandschrank vorzustellen, aber es gelang ihm nur, ihr Gesicht, ein Teil ihres Gesichts zu sehen, und die Sommersprossen, die sich eigentlich auf ihren Unterarmen befanden. Die Sommersprossen leuchteten im Dunkeln wie Sterne, wie Gold, wie feines Glitzern auf Meereswellen. Dann verschwanden sie, und als die Schritte endlich vor der Schranktür Halt machten, war Zoran schon in der Hocke, bereit zum Sprung.

Die Knöpfe

Eines Tages waren plötzlich alle meine Knöpfe locker. Sie hingen an dünngescheuerten Fäden und schaukelten unter den Peitschenhieben des Herbstwindes hin und her. Ich ging zum Schneider. »Da ist nichts zu machen«, sagte er und schüttelte traurig den Kopf. »Wieso?« fragte ich, aber der Schneider war zu keinem weiteren Gespräch bereit. Ich verließ seinen Laden und schloß vorsichtig die Tür, um keinen der Knöpfe einzuklemmen, die hinter mir her schlenkerten. Durch die Schaufensterscheibe sah ich den Schneider, wie er sich bückte, auf die Fingerspitzen spuckte und damit die Unterseite eines großen schwarzen Bügeleisens berührte. Da kam seine Tochter aus dem Laden. Ich wußte nicht, daß sie seine Tochter war, aber sie sagte: »Versuchen Sie bitte, meinen Vater zu verstehen. Er ist alt und schwach geworden, seine Nadelstiche sind nicht mehr gleichmäßig, deshalb schützt er sich mit seinem Stolz. Angeblich lehnt er Arbeiten ab, die unter seiner Würde sind, aber in Wirklichkeit schlägt er alles aus. Wenn Sie wünschen, kann ich Ihre Knöpfe in Ordnung bringen.« Ich war einverstanden. Sie brachte mich auf Umwegen zur Hintertreppe, die zum Wohnzimmer führte. Es war schon dunkel, aber nur wegen dichter Wolken. Das Mädchen bat mich, hinter eine spanische Wand zu treten und ihr alle Kleidungsstücke zu reichen, an denen es Knöpfe gab. Ich reichte ihr den Wintermantel, das Sakko, die Hose, das Hemd; bei der Unterhose zögerte ich ein wenig, alles mögliche schoß mir durch den Kopf, etwa ob sie sauber genug war oder ob eine Verlegenheit (die meine) eine andere (die des Mädchens) auslösen würde, aber es war einfacher, Knöpfe an die Unterhose zu nähen, als eine Schnur einzuziehen, und so fügte ich zu den schon erwähnten Kleidungsstücken auch die Unterhose hinzu und reichte alles zusammen mit entblößtem Arm dem vor der spanischen Wand wartenden Mädchen. Dann setzte ich mich. Die Wand war an der Innenseite einfarbig, fast braun. Die Spalten an den Knicken waren mit Stoff bezogen, so daß die durch die Wand abgetrennte Ecke ganz dunkel war, fast braun. Eine Ausnahme bildete eine kleine Stelle an der linken Seite, durch die golden das Licht schimmerte. Ich beugte mich vor und guckte hindurch. Des Schneiders Tochter, ganz in die Arbeit versunken, zog die Knöpfe fest, biß den Faden ab, prüfte mit den Fingern ihren guten Sitz. Ich räusperte mich. »Frieren Sie?« fragte sie. »O nein«, sagte ich. Dann sah ich, daß meine Finger und Zehen schon blau waren. »Ich bin gleich fertig«, rief das Mädchen. Und tatsächlich, bald bekam ich die Unterhose, dann das Hemd, die Hose, dann das Sakko und am Ende den Wintermantel zurück. Nein, bevor ich den Wintermantel in Empfang nahm, gleich nachdem ich das Sakko erhalten und angezogen hatte, trat ich vor die spanische Wand und blieb in der Mitte des Zimmers stehen. Der lange, gebogene Hals der Schneiderstochter war von durchsichtigem Flaum bedeckt. Sie biß den letzten Faden ab und reichte mir den Wintermantel. »Soll ich ihn etwas aufbügeln?« fragte sie. Ich wunderte mich. Noch nie hatte ich an ein Bügeleisen auf meinem Mantel gedacht. Ich bedankte mich höflich und wollte bezahlen. Sie lehnte ab, sie tat es mit sanfter, aber entschiedener Stimme. »Aber Ihr Vater«, sagte ich und deutete mit dem Zeigefinger auf den Boden in der Annahme, daß sich der Laden irgendwo unter meinen Füßen befand. Das Mädchen gab nicht nach. »Dann dürfen Sie mir aber eine Schachtel Pralinen und einen Blumenstrauß nicht abschlagen«, sagte ich. »Das nicht«, sagte die Tochter des Schneiders.

Meine Freunde waren voller Bewunderung. »Wer hat dir die Knöpfe in Ordnung gebracht?« riefen sie aus. Erst da fiel mir der Zustand ihrer Knöpfe auf. Er war traurig, wirklich traurig. Ein so trister Anblick hatte sich mir schon lange nicht mehr geboten. Die Knöpfe hingen lose, baumelten, hielten sich an Knötchen fest, gingen nur dank angenähter Stoffstückchen nicht verloren. Viele gab es nur noch halb, mit angeschlagenen Rändern, die meisten befanden sich nicht an der richtigen Stelle, und die aus Metall ächzten unter Schichten von Rost und Schmutz. Ich gab nichts preis; ich sagte, ich hätte sie selbst in Ordnung gebracht; um nichts auf der Welt hätte ich zugelassen, daß noch jemand sieht, wie der Flaum auf dem Nacken der Schneidertochter immer durchsichtiger wird und der weichen Haut des Rückens Platz macht. Meine Freunde glaubten mir freilich nicht. Sie forderten mich auf, meine Finger herzuzeigen, sie wollten durch meine zerstochenen und geschwollenen Fingerkuppen überzeugt werden. Vergeblich redete ich mich auf einen Fingerhut heraus. Nichts konnte ihr Mißtrauen zerstreuen.

Ich ging in ein Süßwarengeschäft und verlangte eine Schachtel Pralinen. »Was für Pralinen wünschen Sie?« fragte die Verkäuferin. Ich verließ den Laden.

Zu Hause dachte ich noch einmal über das Ganze nach. Die Verkäuferin hatte recht. Man darf doch nicht anderen die Schuld für die eigene Unzulänglichkeit geben. Einem Freund, der in diesem Augenblick bei mir anklopfte, machte ich nicht auf. Ich rief ihm zu, mir ginge es nicht gut. »Was hast du?« fragte der Freund hinter der Tür. »Ich denke nach«, antwortete ich. »Soll ich dir Wasser bringen?« fragte mein Freund. Er bot mir auch Aspirin an und Tigerbalsam, empfahl mir eine Nackenmassage, erklärte sich bereit, mir den Rücken zu kneten. »Nein, ich bleibe im Bett«, sagte ich, während ich neben dem Schreibtisch stand.

Ich ging zu einem anderen Süßwarengeschäft und verlangte eine Schachtel Pralinen. »Was für Pralinen wünschen Sie?« fragte die Verkäuferin. »Welche mit Füllung«, sagte ich. »Sehr gut«, sagte die Verkäuferin, ging in eine Ecke und nahm vom obersten Regal eine in weißes Papier verpackte Schachtel.

»Wenn Sie wünschen«, sagte sie, »kann ich sie Ihnen in Geschenkpapier einpacken.« Ich wünschte es nicht. »Es sind die besten gefüllten Pralinen, die es gibt«, sagte die Verkäuferin, »und es ist gut, daß Sie sie heute nehmen, morgen sind sie wahrscheinlich schon weg.« Sie drehte sich um und sprach in die andere Richtung weiter, so daß ich mich anstrengen mußte, ihre Worte zu verstehen. »Es gibt nur noch zwölf davon«, sagte sie, wohl die Pralinenschachtel meinend, »dabei waren es gestern noch dreiundzwanzig.« Sie wandte mir ihr Gesicht wieder zu und sagte mit vernehmbarer Stimme: »Man könnte leicht die Zahl der an einem Tag verkauften Schachteln ausrechnen und, wenn es keine mehr gibt, aufgrund der Nachfrage den Wahrscheinlichkeitsfaktor des künftigen Verkaufs bestimmen.« Ich wußte nicht, was ich darauf antworten sollte: sie hatte mich übrigens auch nach nichts gefragt. Wir standen noch eine Weile so da, dann bezahlte ich und trat auf die Straße hinaus, die Pralinenschachtel unter dem Arm.
Die Schachtel lag auf dem Tisch in meinem Arbeitszimmer, als meine Mutter anklopfte. »Mutter«, sagte ich, als ich die Tür aufmachte, »wieso du?« »Darüber möchte ich nicht sprechen«, sagte sie. Dann zeigte sie auf die in weißes Papier eingepackte Schachtel, die auf dem Tisch in meinem Arbeitszimmer lag. »Was hast du da?« fragte sie. Ich blickte mich in meinem Arbeitszimmer um, als wäre ich zum ersten Mal in meiner Wohnung. »Was denn?« fragte ich. Ich bemühte mich, gleichgültig zu klingen. »Das dort im weißen Papier«, sagte meine Mutter. »Ach das«, sagte ich und spürte, wie meine Stimme mich immer mehr im Stich ließ, »das sind Kopien meiner alten Briefe.« Mutter trat näher an die Tür des Arbeitszimmers. »Warum hast du sie so eingepackt?« fragte sie. »Ich möchte sie schützen«, sagte ich, »vor Staub, vor Feuchtigkeit, vor Buchmotten und vor mir selbst. Du weißt, wie es mich manchmal überkommt.« »Ich weiß«, sagte meine Mutter. Ein Ausdruck von Beunruhigung flog

über ihr Gesicht. »Die Anfälle werden doch nicht häufiger geworden sein«, sagte sie. »Nein«, sagte ich, »mach dir keine Sorgen«, und tätschelte ihre ausgestreckte Hand, die mein Gesicht noch nicht berührt hatte. »Mein Gott«, seufzte meine Mutter, »und ich habe mir *solche* Sorgen gemacht.«

Ich ging zu einem Blumengeschäft und verlangte Tulpen. »Aber, mein Herr«, sagte die Verkäuferin«, jetzt gibt es doch keine Tulpen. Es tut mir sehr leid, aber deren Zeit kommt erst.« »Sehr gut«, sagte ich, »dann geben Sie mir Rosen.«

Die Pralinenschachtel unter dem linken Arm und den Rosenstrauß in der linken Hand, klopfte ich mit dem rechten Zeigefinger an des Schneiders Tür. Mir öffnete seine Tochter. »Seien Sie mir nicht böse«, sagte sie, als ich ihr die Rosen und die Pralinen übergab, »aber ich kann mich über Ihre Geschenke nicht richtig freuen, so sehr sie meinem Herzen guttun. Mein Vater ist im Augenblick sehr krank.« Inzwischen standen wir schon im Laden, und ich legte sofort die Hand auf die Türklinke, bereit wegzugehen. »Nein«, sagte das Mädchen, »gehen Sie jetzt nicht!« Sie streckte ihre Hand nach mir aus und berührte schon meinen Ellenbogen, da fiel ihr die Schachtel mit den Pralinen auf den Boden. Ich hob sie auf und sah darauf Spuren von Staub und Flusen, die von dem weißen Papier nicht mehr wegzukriegen waren. Ich setzte mich in die Nähe des Bügeleisens. Die Tochter des Schneiders setzte sich auf einen Hocker. Sie ließ die verschmutzte Pralinenschachtel und den Rosenstrauß nicht aus der Hand. In der Stille, die uns umgab, hörte man über uns das leise Quietschen eines Bettes. Das Mädchen bemerkte meinen zur Zimmerdecke gerichteten Blick und sagte: »Mein Vater. Er ist ans Bett gefesselt, und das erträgt er schwer. Morgens bringe ich ihm warme Milch, mittags ein Süppchen, abends brate ich Leber für ihn, aber er ißt fast nichts davon. Ich habe Angst.« Ich kniete mich hin, nahm ihr die Pralinenschachtel und die Rosen ab, legte sie auf den Tisch und vergrub den Kopf in ihren Rock. Schon immer mochte ich, wenn man mich am Kopf kraulte. Als ich etwas später den Kopf hob, sah ich, daß das Mädchen schlief. Wer weiß, wie viele Nächte sie neben ihrem kranken Vater gesessen hat, jetzt hatte die Müdigkeit sie überwältigt. Ich schob die Hand unter ihren Rock und ertastete den oberen Rand der Strümpfe, die Qualität des Unterrocks, die Festigkeit der Strapse. Sie hatte kein Höschen an. Da reckte sich das Mädchen und sagte: »Ich muß nachsehen, wie es ihm geht. Danke für die Geschenke.« Ich fragte: »Heißt das, daß es für mich Zeit ist zu gehen? Oder«, fügte ich hinzu, »möchten Sie, daß ich auf Sie warte?« »Sie kennen doch meinen Vater«, sagte sie. Über unseren Köpfen waren dumpfe Schläge zu hören. »Ach«, sagte das Mädchen, »er ruft nach mir. Er ist wach geworden und möchte, daß ...« »Werde ich Sie noch mal sehen?« fragte ich. Ich kniete weiterhin, obwohl sie jetzt stand. »Kommen Sie morgen«, sagte sie und lief die Treppe hinauf. Die Innentreppe führte bestimmt anderswohin als die Außentreppe. Ich stand mühsam auf, klopfte den Staub von den Knien und prüfte meine Knöpfe. Es schien mir, als hörte ich oben Stimmen, aber in der zunehmenden Dunkelheit kann man sich leicht täuschen.

Ein Freund kam mich besuchen, gab sich als Sprecher aller anderen aus. »Wie viele seid ihr?« fragte ich. Der Freund überging meine Frage und sagte: »Wir möchten nicht, daß dies als Drohung oder als Erpressung aufgefaßt wird, aber der Zustand unserer Knöpfe zwingt uns zu diesem Schritt. Unter anderen Umständen oder in einem Roman wäre dies ein Schritt von Verzweifelten. Wir jedoch rechnen mit deinem Verständnis, mit deinem Edelmut, mit deiner Verbundenheit mit uns allen. Dein Herz hat sich schon so oft geöffnet, es kann diesmal unmöglich verschlossen bleiben.« Er verstummte. Ich räusperte mich. Er räusperte sich auch. Ich wartete. Dann sprach er wieder: »Du mußt uns sagen, wer dir die Knöpfe in Ordnung gebracht hat. Davon hängt nicht nur das Wohlbefinden von uns als Individuen ab, sondern weit-

aus mehr, die Gelassenheit des Weltalls, wenn du so willst.«
»Und was, wenn ich ablehne?« fragte ich. »Dann werden wir dich verlassen müssen«, sagte mein Freund. »Alle?« fragte ich. »Alle«, bestätigte er. »Und wie viele seid ihr?«
Am nächsten Tag ging ich wieder zum Schneider. Die Knöpfe saßen immer noch fest, und das verlieh mir Selbstsicherheit. Ich klopfte an, es öffnete meine Mutter. »Mutter«, rief ich, »wieso bist du hier?« »Darüber möchte ich nicht sprechen«, sagte sie und zog sich ins Innere des Ladens zurück. Da erblickte ich den Schneider. Er leckte an seinen Fingerspitzen und berührte damit die Unterseite des großen schwarzen Bügeleisens, das er dann auf ein feuchtes Tuch setzte. Vom Tuch stieg eine kleine Dampfwolke auf. Die Tochter des Schneiders saß am Fenster und säumte geschickt ein Stück Stoff. Ich nahm an, das sollte eine Manteltasche werden, wollte aber erst wissen, was hier los war. »Was ist hier los?« fragte ich. Der Schneider drehte sich um und sah mich an. Er hielt das Bügeleisen hoch in die Luft, als fürchte er, allein dessen Nähe könne einen Brand auslösen. »Laß den Mann in Ruhe«, sagte meine Mutter. Seine Tochter zuckte beim Klang ihrer Stimme zusammen, die Nadel stach durch den Stoff, und sofort erschien ein Blutstropfen auf ihrer Hand. »Schnell«, sagte ich, »Alkohol und Verbandszeug.« Da sagte der Schneider: »Wenn du so weitermachst, zerschmettere ich dich mit diesem Bügeleisen.« In diesem Augenblick begriff ich die Bedeutung und den Wert der Freunde, die ich verloren hatte. Das Bügeleisen zitterte in des Schneiders Hand. Wo war die Nadel geblieben? Meine Mutter meldete sich wieder: »Du machst uns alle unnötig verrückt«, sagte sie mit schriller Stimme. Na gut, dachte ich und drehte mich um, wußte jedoch nicht, wohin ich gehen sollte. Die Dunkelheit verdichtete sich gleichermaßen draußen wie drinnen, nur gelegentlich wurde ein Lichtstrahl von einem Stern oder von dem Nadelöhr zurückgeworfen, meine Mutter und der Schneider atmeten rasselnd und abwechselnd, während von

seiner Tochter in langen Abständen kurze Schluchzer zu hören waren. Ich fragte mich, ob sie in den Pausen zwischen den Schluchzern schlief und was mit ihrem Höschen war. Ich sah es nirgendwo, aber vielleicht trocknete es auf der Leine im Hof? Da meldete sich meine Mutter wieder: »Ist er weg?« fragte sie. »Ja«, sagte der Schneider. »Ich mache das Licht an«, sagte das Mädchen. Und als endlich das Licht aufleuchtete, gab es mich dort nicht mehr.

Hitler in Chicago

Schon immer beneidete ich Menschen, die ihre Flugreisen genießen. Die Welt ist für sie wie eine fleckige Birne, die man möglichst schnell umfliegen sollte. Vielleicht ist das ja richtig. In unserer Zeit, in der man die Langsamkeit verachtet, sind Flugzeuge kein Luxus, sondern ein Mittel, mit dem man die Zugehörigkeit zur Gegenwart dokumentiert und sogar der eigenen Vergangenheit oder Zukunft einige Stunden stehlen kann. Das ist eine Magie, der man nur schwer widersteht.
Ich widerstehe ihr schon seit vielen Jahren. Mich würde es überhaupt nicht stören, ja ich würde mich richtig freuen, wenn ich immer noch mit der Kutsche reisen könnte. Aber die Menschen haben keine Zeit mehr für den Pferdetrab, ja nicht einmal für den Galopp, und deswegen steige ich ungeachtet meines Widerstandes gegenüber dem Zauber der Geschwindigkeit demütig in das Flugzeug und höre untertänig auf die Befehle der Stewardessen. Ich lege den Sicherheitsgurt an, prüfe die Schwimmweste und kontrolliere das Fach, aus dem, wenn nötig, die Sauerstoffmaske herausfallen wird, danach folgt mein Blick dem fluoreszierenden Band, das mich im Falle einer Notlandung zum nächsten Ausgang bringen wird. Dann setze ich den Kopfhörer auf, suche den Kanal mit der Jazzmusik, schlage ein Buch auf und bemühe mich, so schnell wie möglich in Schlaf zu versinken.
So tat ich auch diesmal zu Beginn eines Flugs nach Amerika. Ich kam aus Europa zurück von einem Treffen von Schriftstellern aus Ex-Jugoslawien, das nach der Vorstellung der Stiftung, die es organisiert hatte, Wege zu einer neuen Verständigung öffnen sollte, das aber nur die alten Unterschiede wieder ans Tageslicht beförderte. Ich weiß nicht, warum

ich etwas anderes erwartet hatte. Statt von Freude war ich von Bitterkeit erfüllt, die sich, während das Flugzeug auf der Startbahn beschleunigte, langsam, aber sicher in Übelkeit verwandelte, die keine Tablette lindern konnte.
Es blieb mir nichts anderes übrig, als während des steilen Aufsteigens die Augen geschlossen zu halten und später, wenn das Flugzeug die vorgesehene Höhe erreicht haben würde, in fremde Welten einzutauchen. Auf diese Reise hatte ich ein Buch von Isaac Bashevis Singer mitgenommen, eine englische Taschenbuchausgabe des Romans *Feinde, die Geschichte einer Liebe*. Jemand könnte auf den Gedanken kommen, überlegte ich, daß meine Wahl etwas mit dem Grund meines Europabesuchs zu tun habe, daß in dieser scheinbar paradoxen Verbindung zwischen Haß und Liebe der Schlüssel liege für das, worauf sich die Schriftsteller nicht einigen konnten. Die Wahrheit war eine andere. Im Flugzeug kann ich nämlich keine Postmodernisten lesen: ihre fragmentarische Struktur macht mich nervös, und ihre verdrehten Erzählstrategien verstärken meine Flugangst. Klassische Prosaformen wie die Singers beruhigen mich, ziehen mich in ihre vermeintliche Wirklichkeit hinein und bewirken, daß ich vergesse, wo ich bin.
Dann schlief ich ein. Ich wachte in dem Augenblick auf, als sich die Frau auf dem Nebensitz bückte, um das Buch aufzuheben, das von meinem Schoß geglitten war. Eine rauhe Männerstimme summte mir ins Ohr, daß die Nacht nie zu Ende geht, obwohl überall um uns herum, wie man sehen konnte, Tag herrschte. Die Frau wandte sich mir zu und zeigte auf das Buch. Gelbliche Flecken auf ihrem Gesicht, dem Hals und den Handrücken zeugten davon, daß sie sich schon längst an ihr fortgeschrittenes Alter gewöhnt hatte. Ich nahm den Kopfhörer ab.
– Singer – sagte sie, als wüßte ich das nicht. Ein wunderbarer Schriftsteller. Kennen Sie seine Erzählung darüber, wie er Hitler im Zentrum von New York sah?

– Ja – sagte ich. Ich hatte einen trockenen Mund.
– Ich habe eine Nacht mit ihm verbracht.
– Mit Hitler?
– Nein – sagte sie. So etwas hätte ich mir nicht erlaubt. Mit Singer.
Ich schwieg. Was hätte ich sagen sollen?
– Ich weiß, woran Sie denken – sagte die Frau und reichte mir das Buch –, aber nichts von alledem ist passiert. Damals unterrichtete ich an einer Universität in Wisconsin, und Singer kam, um eine Vorlesung über jiddische Literatur zu halten. Ich sprach ihn an und sagte, ich hätte einmal etwas Ungewöhnliches erlebt, ich sei mir nämlich sicher, in Chicago Hitler gesehen zu haben. Das weckte sein Interesse, und er lud mich ein, ihn nach einem Abendessen mit dem Lehrstuhlinhaber, an dem er teilnehmen mußte, in seinem Hotelzimmer zu besuchen. Ich ging hin, warum sollte ich nicht? Er wartete auf mich im Anzug, nicht einmal die Krawatte hatte er abgenommen, lediglich an den Füßen trug er weiche Lederpantoffeln. Für ihn sei es unerträglich, wenn Schuhe drückten. Er hörte mir aufmerksam zu, nickte, machte mir Mut weiterzuerzählen. Er sprach davon, daß die Welt voller Scheinbilder ist, aber daß wir nie wissen, welches davon wahr ist. Nichts sei nur gut oder böse, klug oder dumm, heiter oder traurig, und immer bestehe die Möglichkeit, daß sich das eine in das andere verwandelt. Er erzählte mir, wie er in seinem Leben von einem Extrem ins andere falle und sich nie sicher sei, ob er wache oder träume. Und was soll ich Ihnen weiter erzählen? Ein Wort ergab das andere, und schon dämmerte der Morgen. Er lächelte noch immer, aber es war das Lächeln eines müden Mannes. Jetzt muß ich schlafen, sagte er, legte sich angezogen, wie er war, ins Bett und schlief gleich ein. Ich saß noch eine Weile im Sessel und hörte zu, wie seine Atemzüge immer tiefer wurden. Der Himmel färbte sich schon rot, der neue Tag nahte. Ich stand auf und ging zum Bett. Er schlief mit gerunzelter Stirn, als wüßte er nicht, was

er mit den Träumen anfangen solle. Ich beugte mich über ihn und küßte ihn auf die Stirn. Da bemerkte ich auf einer Kommode neben dem Bett seine Sachen: das Portemonnaie, den Füllfederhalter, den Notizblock und die Taschenuhr. Ich streckte den Arm aus und nahm die Uhr, um sie mir anzuschauen. Da bewegte sich Singer im Traum, oder eine Taube landete auf der Fensterbank, ich weiß es nicht mehr genau, jedenfalls stürzte ich aus dem Zimmer und war im nächsten Augenblick im Korridor, im Treppenhaus. Erst als ich das Hotel verlassen hatte und nahe dem Marktplatz war, wurde mir bewußt, daß ich noch immer etwas in der Hand hielt.

Sie griff in ihre Handtasche, holte eine alte Taschenuhr heraus und öffnete den Deckel. Ich sah eine eingravierte Schrift: »Dem lieben Isaac von Wanda«.

– Wer ist Wanda? – fragte ich.

– Ich weiß es nicht – antwortete die Frau –, und ich will es auch nicht wissen. Ein Jahr später im »New Yorker« oder vielleicht im »Atlantic« sah ich die Erzählung über Hitler. Einige Dinge hatte er verändert, den Handlungsort nach New York verlegt, aber das war ohne jeden Zweifel die Geschichte, die ich ihm in jener Nacht erzählt hatte. Da er meine Geschichte genommen hatte, habe ich seine Uhr behalten. Das ist doch fair?

Das Klappern der Eßbestecke machte uns auf die Stewardessen aufmerksam, die ihre Wagen zwischen die Sitze schoben und das Mittagessen austeilten. Nach dem Essen, so verkündete eine Stimme über den Lautsprecher, würden wir einen Action-Film und die neuesten Nachrichten sehen. Die Frau schloß den Deckel und legte die Uhr in die Tasche zurück. Ich befürchtete, sie würde nichts mehr sagen. Ich fragte:

– Haben Sie wirklich Hitler in Chicago gesehen?

Die Frau sah mich kurz an und fuhr fort, ihr Tischchen herunterzuklappen. Auf ihren Lippen erschien ein verschmitztes Lächeln. Vor langer Zeit, begriff ich, hatte Singer schon dieses Lächeln genügt, sie in sein Hotelzimmer einzuladen.

– Jeder muß in seinem Leben Hitler einmal sehen – sagte sie. Dafür muß man nicht nach Chicago gehen.

Kyrillisch lernen

1.
Punkt neun verlasse ich die Kirche. Die Winternacht ist klar, die Kirchentreppe glatt, die kalte Luft läßt meinen Atem stocken. Ich komme nur langsam voran, halte mich an vereisten Sträuchern fest. Das nächste Mal, sage ich mir, ziehst du hohe Schuhe an. Dann erblicke ich den Indianer. Er steht neben dem runden Straßenschild. Er hat eine Lederjacke an mit langen Fransen und trägt Stiefel, verziert mit indianischen Symbolen. Während ich an ihm vorbeigehe, sehe ich, daß seine Augen geschlossen sind. He, sagt der Indianer, warum so eilig?

2.
Jeden Freitag gehe ich in die Kirche. Nicht um zu beten, sondern um die Kinder unserer Auswanderer in Serbisch zu unterrichten. Um sieben beginnt der Unterricht für die Kleinen zwischen sechs und neun Jahren. Er dauert bis um Viertel vor acht, und um acht beginnt der Unterricht für die Kinder zwischen zehn und sechzehn. Keines der Kinder ist sechzehn Jahre alt; der Älteste ist ein dreizehnjähriger Junge. Die erste Gruppe zählt etwa zwanzig Mädchen und Jungen; in der zweiten sind höchstens sieben oder acht Schüler, aber nur drei kommen regelmäßig zum Unterricht. Ein sechsjähriger Junge bleibt auch beim Unterricht für die Größeren, weil unter ihnen seine Schwester ist. Sie hingegen nimmt nie am Unterricht für die Kleinen teil, obwohl die Eltern die beiden Kinder wahrscheinlich zusammen um sieben Uhr bringen. Die Kinder der ersten Gruppe singen gern, die Kinder der zweiten Gruppe tun gar nichts gern. Ich glaube, sie has-

sen mich, obwohl ich mir Mühe gebe, sie gar nicht anzuschauen.

3.
Eine Woche später, genau um neun, steht der Indianer an der gleichen Stelle. Er hat die gleiche Lederjacke mit langen Fransen an, aber diesmal trägt er Turnschuhe. Auch sind seine Augen nicht mehr geschlossen: sie leuchten, während er sieht, wie ich auf ihn zukomme. Als ich auf seiner Höhe bin, rutsche ich aus, komme ins Straucheln und schaffe es gerade noch, nicht hinzufallen. Der Indianer schweigt. Als ich mich etwas später umdrehe, steht er immer noch an derselben Stelle. Er könnte eine Mütze gebrauchen, denke ich. Der Indianer hebt die Hand und winkt mir zu.

4.
Die Kleinen lernen das kyrillische Alphabet. Auf eine glatte weiße Tafel male ich mit einem dicken blauen Filzstift Buchstaben in Druckschrift. Dann diktiere ich: »Der Lehrer leert den Eimer. Der Soldat fällt im Feld. Das Blatt ist grün und platt.« Die Kinder fahren sich mit der Zunge über die Lippen, während ihre Bleistifte die Rundungen der Buchstaben nachmalen. Die Wand hinter ihnen ist voller Reproduktionen von Fresken aus serbischen Klöstern. Ich zähle die, die ich besucht habe, dann die, die ich nie gesehen habe. Im Kloster Ravanica meine ich einen Pfau gesehen zu haben, aber sicher bin ich nicht.

5.
In der Pause, während ich in der Teeküche Wasser trinke, frage ich den Popen nach den Pfauen. Auch er habe sie irgendwo gesehen, sagt er, wisse aber nicht mehr, wo. Übrigens, auch er möge Pfauen nicht. Ein so schöner Vogel, fügt er hinzu, und eine so kreischende Stimme. Ich versuche, mir das Pfauengeschrei ins Gedächtnis zu rufen, es gelingt mir aber

nicht. Der Pope fragt, ob ich wisse, daß das Pfauenrad, diese bunte Federpracht, eigentlich kein Schwanz sei, sondern eine Art Schmuck, der den richtigen Schwanz verdeckt. Ich weiß wenig über Pfauen und zucke mit den Achseln. Der Pfau lebe nicht gern allein, sagt der Pope, wenn das Weibchen stirbt, fliegt das Männchen fort. Wohin? – frage ich. Dorthin, wo jemand anderes es lieben kann, sagt der Pope.

6.

Der Weg von der Kirche bis zu meinem Haus verläuft im Zickzack. Wenn man die Kirche verläßt und das runde Verkehrsschild passiert, muß man nach rechts einbiegen, dann in die erste Straße links, danach in die zweite rechts und dann wieder in die erste links. Es sind zehn, höchstens zwanzig Minuten Fußweg. Der Indianer steht nicht an seinem Platz, aber bevor ich nach links abbiege, meine ich, ihn im letzten Augenblick gesehen zu haben. Ich drehe mich um, er ist nicht da. Ich gehe weiter, inzwischen fest davon überzeugt, daß er mir folgt. Ich stelle mir die Mokassins an seinen Füßen vor, dann bleibe ich stehen, gehe in die Hocke, tue so, als bände ich meine Schnürsenkel, und blicke über die Schulter. Die Straße ist leer. An der Ampel blinkt das gelbe Licht. Als ich mich aufrichte, spüre ich einen leichten Schwindel. Ich biege nach rechts ab, dann nach links, laufe immer schneller und drehe mich immer öfter um. Keine Menschenseele. Atemlos erreiche ich mein Haus, drücke mit dem Rücken die Tür auf, knipse das Licht an, huste. Aus seinem Käfig in der Ecke betrachtet mich mein Papagei.

7.

Am nächsten Freitag hält mich der Pope an der Kirchentür an. Er wisse jetzt, wo er die Pfauen gesehen habe. Wo? – frage ich. Im Zoo, sagt der Pope, fügt jedoch gleich hinzu, er wisse aber nicht, in welcher Stadt. Er könne sich nur erinnern, daß keiner der Pfauen, dabei waren es mindestens drei

Männchen und ein Dutzend Weibchen, ein Rad schlagen wollte. Wir tanzten vor dem Zaun, sagte der Pope, fuchtelten mit den Armen, riefen ihnen allerlei Blödsinn zu, aber nichts half. Nur ab und zu kreischte einer von ihnen, sagte er weiter, und dieses Kreischen war so ulkig, daß wir uns vor Lachen bogen. Wer? – frage ich. Der Pope blickt nach links und nach rechts. Darüber später, sagt er und fragt schnell, ob ich mit den Leistungen der Schüler zufrieden sei. Ich bejahe das, beklage jedoch den Mangel an Lehrbüchern. In diesem Augenblick tauchen einige Mitglieder des Schulausschusses der Kirchengemeinde auf, und der Pope bittet sie, sich zu uns zu gesellen. Ein Wort gibt das andere, auf ein Versprechen folgt das nächste, und als ich die Kirche verlasse, ist es bereits halb zehn. Der Indianer steht neben dem runden Verkehrsschild und reibt sich die Hände. Letztes Mal hattest du es eilig, sagt er, während ich an ihm vorbeigehe, und heute bist du zu spät: wann entscheidest du dich endlich? Ich gehe einige Schritte weiter, dann bleibe ich stehen. Ich drehe mich nicht um. Weit bin ich nicht von ihm entfernt: ich kann seinen Atem hören. Als das Atmen aufhört, laufe ich über die Straße zwischen den geparkten Autos hindurch bis zu meinem Haus.

8.

Ich sitze im Restaurant und trinke Kaffee mit Milch, der Indianer steht auf dem Bürgersteig gegenüber. Als ich später zum Supermarkt gehe, sehe ich ihn zwischen dem ausgestellten Obst und Gemüse. Während ich in der Bank Schlange stehe, sitzt er in einem Sessel und studiert die Bedingungen für die Kreditgewährung. Auf dem Spielplatz, wo im Schnee Jungen und Mädchen einem Fußball nachlaufen, sehe ich ihn zunächst nicht. Dann entdecke ich ihn doch: er hockt hinter einer Hecke.

9.

Der Pope betritt den Raum, in dem ich unterrichte. Die Jungen und Mädchen heben ihre Blicke von den Büchern. Der Pope kommt zu meinem Tisch, beugt sich vor, flüstert mir ins Ohr. Sein Atem ist warm und riecht nach Pfefferminz. Ich stehe auf und folge ihm. An der Tür bleibe ich stehen und schärfe den Kindern ein, brav zu sein. Sie nicken, aber ich weiß, daß sie wissen, daß ich ihnen nicht glaube. Ich schließe die Tür, eile hinter dem Popen her, renne fast in sein Büro. Der Pope steht am Fenster. Er bedeutet mir, näher zu treten, und als ich ihm ganz nahe bin, sehe ich, was er beobachtet. Auf dem schmalen Weg, der zur Kirche führt, steht der Indianer. Er hat eine feierliche Kluft an mit unzähligen Fransen und bunten Glasperlen, an den Füßen trägt er Mokassins, auf dem Kopf einen Schmuck aus Adlerfedern und Bisonhörnern. Ich habe ihn gefragt, was er hier wolle, sagt der Pope. Und, was hat er geantwortet? – frage ich. Er warte auf eine Antwort. Von wem? – frage ich. Der Pope zuckt mit den Achseln. Vielleicht meint er die Kirche, sage ich, oder Gott? Das habe ich ihn bereits gefragt, sagt der Pope. Und, was hat er gesagt? – frage ich. Nichts, sagt der Pope. Wir schauen noch eine Weile aus dem Fenster. Der Indianer rührt sich nicht von der Stelle. In der Ferne hört man Kinderstimmen, Geschrei und Gekreische. Ich bitte den Popen, auf die Kinder aufzupassen, und gehe hinaus. Die Kälte treibt mir gleich die Tränen in die Augen. Es war Zeit, sagt der Indianer, als ich zu ihm komme. Er reicht mir die zur Faust geballte Hand, die er langsam öffnet. Ich sehe nichts in seiner Hand, weiß aber, was sich dort befindet. Der Indianer dreht sich um, geht fort, ich kehre in die Kirche zurück. Da finde ich den Popen, wie er auf dem Tisch sitzt und den Kindern Gedichte von Čika Jova-Zmaj vorliest. Ein Mädchen hat den Kopf auf das Pult gelegt und schläft. Jedesmal, wenn der Pope ein Blatt wendet, öffnet es die Augen.

10.
Ich bin nicht überrascht, als ich sehe, daß der Indianer vor meinem Haus wartet. Es ist ein klarer, sonniger Tag, die frische Luft kneift nur wenig in die Backen. Der Indianer ist einen Kopf größer als ich. Wenn ich ihm zur Begrüßung die Hand gebe, verschwindet sie in seiner Pranke.

11.
Wir sitzen im Foyer des städtischen Museums gleich neben der Tür, die zu der dem Stamm der Schwarzfußindianer gewidmeten Ausstellung führt. Siksika, sagt der Indianer, nicht Schwarzfußindianer. Die Weißen nennen sie Schwarzfußindianer, setzt er fort, richtige Menschen kennen nur die Siksika. Bist du ein Siksika? – frage ich. Der Indianer bejaht. Vielleicht könntest du mir jetzt sagen, wie du heißt, füge ich hinzu. Vielleicht, sagt der Indianer und verstummt. Nach einer Weile, als die Frau an der Kasse gerade zum Gähnen ansetzt, sagt er: Sturmwolke.

12.
Sturmwolke ist geduldig. Während ich mir die ausgestellten Fotos und Gegenstände ansehe, blättert er in einem Katalog. Ab und zu tritt er zu mir und schaut über meine Schulter. Wenn in den Erläuterungen ein Wort in seiner Sprache auftaucht, spricht er es mir mehrere Male vor. Dann fordert er mich auf, es nachzusprechen, und wenn ich es tue, schnalzt er mißbilligend mit der Zunge und winkt ab.

13.
Gestern habe ich dich mit einem Indianer gesehen, sagt ein blonder Junge. Alle Kinder hören auf zu schreiben. Ich habe mich beim Rodeo mit einem Indianer fotografieren lassen, sagt ein Mädchen mit Zöpfen. Sofort schauen wir alle zu ihr hin. Die Sonne war so stark, sagt das Mädchen, daß ich eine dunkle Brille aufsetzen mußte. Sein Indianer, sagt der blon-

de Junge, ist mindestens zwei Meter groß. Jetzt schauen wiederum alle zu mir. Heute lesen wir eine neue Geschichte, sage ich. Ich nehme den schwarzen Filzstift und schreibe auf die Tafel: Das dunkle Reich.

14.

Der Pope ist besorgt. Seit der Indianer immer vor der Kirche stehe, beschwerten sich die Frauen und behaupteten, um ihre Sicherheit zu bangen. Gestern sei Frau Vidosava gekommen, die mit dem Pelzmantel, und habe gesagt, sie zittere schon beim Gedanken an den Indianer, sie brauche ihn nicht einmal zu sehen. Und wenn sie ihn dann wirklich sehe, würden ihre Knie ganz weich, und das Herz bleibe ihr im Halse stecken. Sie zeigte auch, sagt der Pope, wie sie zittert. Der Pope breitet die Arme und Beine aus, verdreht die Augen, läßt die Zunge heraushängen und beginnt zu wackeln. So ähnlich, sagt er, aber sie macht das viel besser. Aber, wende ich ein, Sturmwolke ist völlig harmlos, ich bin davon überzeugt, daß er keiner Ameise etwas zuleide tun kann. Außerdem, füge ich hinzu, interessieren ihn weiße Frauen nicht. Der Pope sieht mich ungläubig an und fragt, woher ich das wisse. Ich weiß es, sage ich, weil er ein traditionsbewußter Indianer ist. Alles, was ihn interessiert, ist, daß das Erbe seines Stammes möglichst rein erhalten bleibt. Welches Stammes? – fragt der Pope. Der Siksika, sage ich. Was sind das für welche? – fragt der Pope. Früher nannte man sie Schwarzfußindianer, sage ich. Hat es bei uns nicht früher mal Comics gegeben, überlegt der Pope, in denen Indianer dieses Stammes vorkamen? Ich weiß wenig über Comics, ich schweige. Der Pope kratzt sich am Hals und hinter den Ohren. Zuerst brachten die Indianer einige Siedler um und machten ihre Kinder zu Sklaven, sagt er, dann kamen englische Soldaten, oder waren es vielleicht Franzosen, und metzelten alle Indianer nieder, fanden aber die Kinder nicht … oder fanden sie sie doch? Ich weiß es nicht mehr, sagt der

Pope, aber einer von diesen Indianern war ein Schwarzfuß, dessen bin ich mir sicher.

15.
Mein Vater ist an Alkohol gestorben, sagt Sturmwolke, meine Mutter ist an Alkohol gestorben, mein Bruder ist an Alkohol gestorben, meine Schwester ist dabei, an Alkohol zu sterben. Er schaut mich an: Wer ist bei dir an Alkohol gestorben? Niemand, sage ich.

16.
Es ist kalt. Der Indianer steht trotzdem neben dem runden Verkehrsschild und rührt sich nicht. Wie lange hält er das aus? – fragt der Pope. Bis zum nächsten Morgen, antworte ich. Wir stehen am Fenster, zum Teil hinter dem Vorhang versteckt. Wir sehen, wie sich eine kleine ältere Frau mit Hut der Straßenecke nähert. Als sie den Indianer erreicht, bleibt sie stehen und mustert ihn von oben bis unten. Ihr Blick gleitet langsam, als wolle sie jede Paillette, jede Franse, jede Perle, jede Feder erfassen und nach Möglichkeit im Gedächtnis behalten. Der Indianer steht da, ohne zu atmen. Er muß doch atmen, sagt der Pope, kein Lebewesen kommt ohne Sauerstoff aus. Die Frau erklärt ihm etwas, der Indianer bückt sich, um besser zu hören. Dann wirft er den Kopf in den Nacken und lacht aus vollem Hals. Es ist ein schallendes Lachen, das da erklingt, während die Alte vergnügt mit den Füßen stampft. Der Pulverschnee wirbelt nur so durch die Luft.

17.
Heute abend sind in der zweiten Gruppe nur vier Kinder, den sechsjährigen Jungen mitgerechnet, der wegen seiner älteren Schwester dabei ist. Keiner von ihnen sagt etwas, und da ich auch keine Fragen stelle, sitzen wir schweigend da, während verschiedene Geräusche uns erreichen. Das Poltern kommt von der unteren Etage, wo die Mitglieder der Folklo-

regruppe, vorerst noch ohne musikalische Begleitung, Tanzschritte einstudieren. Das gedämpfte Murmeln, ebenfalls von unten, kommt von den Eltern, die sich, während ihre Kinder Serbisch und Volkstänze lernen, in dem Raum mit dem Büfett miteinander unterhalten. Für das Büfett ist Marica zuständig. Auf einer Tafel hinter ihrem Rücken steht, was man bestellen kann: Bier, heißen Schnaps, Säfte und belegte Brötchen. Kuchen gibt es leider nicht. Die Eltern sind zuweilen unglücklich, weil die Unterrichtsstunden kurz sind und ihnen keine Zeit für noch ein Bierchen bleibt. Ich betrachte meine kleine Gruppe und frage mich, wer von ihnen zuerst etwas sagen wird. Dann ertönt von unten Musik, danach ein Fußgestampfe auf der Suche nach dem Rhythmus. Ich klopfe mit dem Zeigefinger gegen die rauhe Tischplatte. Ich hasse diese Musik, sagt das Mädchen zu ihrem kleineren Bruder. Mein Zeigefinger bleibt in der Luft stehen. Der Bruder lacht.

18.

Als wir an die Stellwand mit dem großen Foto eines Indianerhäuptlings kommen, sagt Sturmwolke: Mein Urgroßvater. Ich schaue auf das Foto, dann auf Sturmwolke: dieselben hohen, hervorstehenden Backenknochen, dieselbe schmale, gebogene Nase, dieselben tiefen Falten, die von den Nasenflügeln zu den Mundwinkeln verlaufen. Unter dem Foto steht: Ein unbekannter Indianerhäuptling, Siksika-Stamm, um 1860 (?). Ich mache Sturmwolke auf diese Angaben aufmerksam. Sturmwolke schnaubt verächtlich: Wenn der weiße Mann etwas nicht weiß, sagt er, heißt das, daß keiner es weiß? Keinesfalls, sage ich. Ich werde wohl wissen, wer mein Urgroßvater ist, sagt Sturmwolke. Natürlich, sage ich. Er hieß Schwarzer Otter, sagt Sturmwolke. Schwarzer Otter, wiederhole ich. Eines Nachts, fährt Sturmwolke fort, träumte er, gegen eine Gruppe Shoshonen zu kämpfen. Er merkte, daß er ihnen keinen Widerstand mehr leisten konnte, und sprang ins Wasser, aber statt zu ertrinken, verwandelte er sich in einen Otter. Als er aufwachte, war er von Kopf bis Fuß naß. Er trat aus dem Zelt hinaus und sagte zu seiner Mutter: Ich bin Schwarzer Otter. Schon gut, sagte seine Mutter, aber zieh erst mal dieses nasse Zeug aus. Nein, zunächst male ich einen Otter auf unser Zelt, sagte er und malte auf alle vier Seiten einen Otter, auf daß er die Bewohner vor Gefahr schütze, von welcher Seite der Welt sie auch immer käme. Dann malte er Kreise, die die Sterne am nächtlichen Himmel darstellen, ein Kreuzchen für den Nachtfalter, der gute Träume bringt, eine Schlangenlinie für die gebirgige Gegend, in der sie lebten. Währenddessen wartete seine Mutter geduldig mit der trockenen Kleidung. Schwarzer Otter legte die Farben beiseite und zog sich um. Kurz darauf kam ein Fotograf vorbei. Und das ist das Foto? – frage ich. Das ist das Foto, sagt Sturmwolke.

19.
Und nun, sage ich, nachdem ich die Erzählung zu Ende vorgelesen habe, gibt es Fragen? Das Mädchen mit den Zöpfen hebt die Hand. Warum, fragt es, nennt man die Indianer Schwarzfüße? Weil sie sich nicht die Füße waschen, sagt ein Junge aus der ersten Reihe. Ich warte, bis das Lachen abebbt, und sage: So nennt man nicht alle Indianer, sondern nur die vom Stamm der Schwarzfußindianer. Diesen Namen, der in ihrer Sprache Siksika heißt, bekamen sie, weil die Mokassins, die ihr Ahnvater trug, schwarz geworden waren, als er durch ein Gelände lief, auf dem ein Präriebrand gewütet hatte. Keiner hört mir mehr zu.

20.
Sturmwolke und ich sitzen in der Bibliothek. Vor uns liegt ein Stapel Bücher über die nordamerikanischen Indianer. Sturmwolke zeigt mir ein Foto von Crowfoot, dem größten Häuptling der Siksika, und von dessen Familie. Darauf sind Crowfoot, vermutlich seine Frau und acht Kinder zu sehen.

Das Foto wurde 1884 aufgenommen, heißt es in der Bildunterschrift. In den folgenden sechs Jahren sind fast alle Abgebildeten, auch Crowfoot, an Tuberkulose oder anderen Krankheiten gestorben. Ich stelle mir alle diese Krankheiten vor, alle diese schnellen und langsamen Todesarten, die im Fieberwahn herumwirbelnden Worte, das Schwinden der Hoffnung, die Trostlosigkeit, die riesige Prärie, die plötzlich keinen Schutz mehr bot. Du konntest dich auf das schnellste Pferd schwingen und reiten, bis es vor Erschöpfung zusammenbrach, und dennoch konntest du der Krankheit nicht entrinnen, sagt Sturmwolke. Das war, fährt er fort, das Allerschlimmste, was der weiße Mann mitgebracht hatte, diese Möglichkeit, aus der Ferne genauso zu töten wie aus der Nähe, sowohl wenn er da war als auch in seiner Abwesenheit. Wir hatten keine Angst vor dem Tod, sagt Sturmwolke, aber das bezog sich auf den ehrenvollen Tod, auf den Tod im Kampf oder an einer Verwundung oder auch aus Altersschwäche, wenn der Körper seinem Schöpfer zurückgegeben wird. Aber nun mußten wir einen Tod hinnehmen, der um des Tötens willen tötete, als habe er seine Freude daran. Sturmwolke verstummt, legt die Handflächen auf den Tisch. Draußen schneit es.

21.

Wer weiß, sagt der Pope, woran er glaubt und ob er überhaupt an etwas glaubt? Sturmwolke lacht, als ich ihm die Frage des Popen übersetze. Er lacht lange, den Kopf in den Nacken geworfen, bis ihm die Tränen kommen. Dann fragt er, woran der Pope glaube. An die Gemeinschaft der Freiheit zwischen Gott und den Menschen in Jesu, sagt der Pope. Was bedeutet das? – fragt Sturmwolke, nachdem ich ihm die Worte des Popen übersetzt habe. Die Gemeinschaft der Freiheit sei die Gemeinschaft der Liebe, meint der Pope, denn ohne die Liebe gebe es keinen Glauben. Sturmwolke wird nachdenklich. Das heißt, sagt er, du liebst, um frei zu sein? Nein, sagt der Pope, zunächst mußt du frei werden, dann erst kannst du lieben. Und was passiert bis dahin, fragt Sturmwolke, gibt es bis dahin keine Liebe? Die Liebe ist kein Gefühl, sagt der Pope, die Liebe ist die Gemeinschaft mit dem Anderen. Das heißt, trumpft der Indianer auf, du kannst mit jemandem zusammensein, ohne ihn zu lieben, und dennoch zählt das als Liebe? Der Pope seufzt. Ich habe Kopfschmerzen, sagt er. Ich auch, sagt Sturmwolke. Jetzt könnte ich einen starken Kaffee gebrauchen, sagt der Pope. Ich auch, sagt Sturmwolke. Marica, ruft der Pope, bring uns zwei Türkische!

22.

Sturmwolke sitzt auf dem Stuhl und betrachtet die Kinder. Die Kinder betrachten Sturmwolke. Was ist, schalte ich mich ein, hat denn niemand eine Frage an unseren Gast? Das Mädchen mit den Zöpfen hebt die Hand: Kann er Serbisch? Nein, sage ich, er ist ein Indianer. Manche Indianer können Serbisch, meldet sich ein Junge, der ganz hinten sitzt. Woher weißt du das? – fragt ihn der Junge neben ihm. Mein Papa hat es mir gesagt, sagt der erste Junge. Sturmwolke rührt sich nicht. Von meinem Standort neben der Tür sieht er aus, als atme er nicht. Dein Vater hat keine Ahnung, sagt der zweite Junge, die Indianer sprechen nur Englisch. Sie sprechen auch ihre Sprachen, schalte ich mich ein. Dann bitte ich Sturmwolke, etwas in seiner Sprache zu sagen. Sturmwolke sagt einen kurzen Satz auf, in dem sich Vokale und Konsonanten in rascher Folge abwechseln. Was hat er gesagt? – fragt ein Mädchen aus der ersten Reihe. Ich habe erzählt, sagt Sturmwolke, wie sich der Mond und der Wolf in jeder Sommernacht auf dem Berg neben dem Gelben Fluß treffen. Wie sagt man »Wolf«? – fragt das Mädchen. Makoiji, sagt Sturmwolke. Und »Mond«? Kokomikisom, sagt Sturmwolke. Und »Sommer«? Nipo, sagt Sturmwolke. Das Mädchen mit den Zöpfen hebt wieder die Hand: Darf ich ihn etwas auf englisch fragen? Ich nicke. Das Mädchen steht auf, räuspert sich und fragt: Warum leben die Indianer in hohen, runden Zelten und nicht in Häusern? Weil in einem Haus, sagt Sturmwolke, der Teufel einen in die Ecke treiben kann, aber in unseren Zelten, die wir Tipis nennen, gibt es keine Ecken, und deswegen meidet der Teufel sie. Danke, sagt das Mädchen und setzt sich wieder. An der Tür erscheinen die Eltern. Übt Kyrillisch, gebe ich den Kindern mit auf den Weg, nächste Woche schreiben wir einen Test.

23.
Mitten in der Nacht weckt mich das Telefon. Ich taste danach auf dem Nachtisch. Zunächst fällt das Buch auf den Boden, danach purzelt auch der Wecker hinunter, am Ende finde ich den Hörer doch und halte ihn ans Ohr. Ich kann nicht schlafen, sagt der Pope. Warum? – frage ich. Ich weiß nicht, sagt der Pope, vielleicht ist es der Vollmond. Ich schaue aus dem Fenster. Der Mond ist in der Tat voll und hängt wie ein aufgedunsener Kürbis über der Stadt. Ich frage den Popen, ob er die Vorhänge nicht zugezogen habe. Doch, sagt der Pope. Ob er Pfefferminztee getrunken habe? Ja. Ob er Schäfchen gezählt habe? Auch, aber vergeblich. Ob er versucht habe, an nichts zu denken? Wie geht das, an nichts denken? – fragt der Pope. Man muß sich konzentrieren, sage ich, und bedachtsam atmen, bis das Hirn völlig leer ist. Ist das irgendeine fernöstliche Ketzerei? – fragt der Pope. Es kommt darauf an, sage ich. Also doch, erwidert der Pope, und in dem Fall ziehe ich es vor, wach zu liegen. Ich zucke mit den Achseln. Gute Nacht, sagt der Pope. Gute Nacht.

24.
Wir bleiben vor einem Foto stehen, auf dem indianische Frauen Fleisch räuchern. Das geräucherte Fleisch vermischte man mit trockenen Beeren, tat Bisonfett hinzu, und diese Mischung, Mokimani genannt, stellte während des Winters die Hauptnahrung dar. In Decken gehüllt und mit Kopftü-

chern wirken die Indianerfrauen nicht so großartig wie die Männer. Du irrst, sagt Sturmwolke, die Frauen aus dem Stamm der Schwarzfußindianer hatten genausoviel Macht wie die Männer. Das Tipi gehörte der Frau, die Frau baute es und hielt es instand, und falls sie sich von dem Mann trennen wollte, mit dem sie bis dahin gelebt hatte, brauchte sie nur seine Habseligkeiten neben das Zelt zu legen. Und was tat er in diesem Fall? – frage ich. Er suchte sich eine andere Frau, sagt Sturmwolke, und ein anderes Zelt. Ich stelle mir einen Indianer vor, wie er frühmorgens zwischen den Tipis umherstreicht. In den Armen seine Sachen, einige davon gleiten zu Boden, er schafft es nicht, sie aufzuheben. Die Tipis sind so ausgerichtet, daß der Eingang immer gen Osten schaut. Die Sonne taucht langsam am Rande der Prärie auf, die Eingänge der Tipis öffnen sich, die Morgengebete steigen zum Himmel empor. Wenn ich so weiterlaufe, denkt der Indianer, dann liegt das Lager bald hinter mir, und ich bleibe erst am Milchfluß stehen. Aber dann erscheint in der Öffnung eines Zeltes eine Hand, die ihn herbeiwinkt. Der Indianer bleibt stehen, legt seine Habseligkeiten auf den Boden und winkt zurück. Die Hand winkt noch einmal, dann verschwindet sie. Der Indianer nimmt seine Sachen, merkt nicht, daß eine Perlenkette im feuchten Gras zurückbleibt, und läuft zum Zelt. Mein Pferd hole ich später, denkt er, als er den Eingang erreicht. Dann betritt er das Halbdunkel.

25.
Kinder, die in die Kirche kommen, gleich welchen Alters, sprechen nur Serbisch mit mir. Sobald sie das Wort nicht an mich richten, sich untereinander unterhalten, wechseln sie zum Englischen über. Es genügt, daß ich mich umdrehe und etwas an die Tafel schreibe oder daß ich in meinen Büchern und Papieren krame, schon füllt sich der Raum mit englischen Worten. Aber warum, frage ich sie, könnt ihr euch mit euren Kameraden nicht in eurer Muttersprache unterhalten?

Sie sehen mich an, schweigen und blinzeln. Los, sage ich zu einem Jungen mit lockigem Haar, frage deinen Freund etwas, aber auf serbisch! Er ist nicht mein Freund, sagt der Junge mit dem lockigen Haar. Egal, sage ich, frag ihn etwas. Der Junge mit dem lockigen Haar starrt auf den Jungen neben sich. Schließlich fragt er ihn: Wie geht es dir? Ich bin gut, sagt der andere Junge. Beide richten ihre Blicke zu mir, stolz, als hätten sie Verse aus *Hamlet* vorgetragen. Jetzt frag du ihn etwas, sage ich zum anderen Jungen. Der starrt auf den Jungen mit dem lockigen Haar. Und wie geht es dir? – fragt er ihn schließlich. Nicht schlecht, sagt der Junge mit dem lockigen Haar. Wieder blicken beide zu mir. Sehr gut, sage ich. Soll ich ihn noch etwas fragen? – fragt der zweite Junge. Ich schaue auf die Uhr: Viertel vor acht. Am nächsten Freitag, sage ich. Und als Hausaufgabe, und zwar in Kyrillisch, schreibt ihr ein kurzes Gespräch mit eurem besten Freund auf. Meine beste Freundin ist in Osijek, sagt ein Mädchen mit einer Ponyfrisur. Stell dir vor, sie ist hier, sage ich, sie besucht dich, und du erzählst ihr von Dingen, die sie hier sehen wird. Sie wird nie hierher kommen, sagt das Mädchen mit dem Pony. Vielleicht fährst du zu ihr, sage ich. Ich muß meine Mutter fragen, sagt das Mädchen, steht auf und geht mit den anderen Kindern raus. Sie reden natürlich Englisch miteinander, allerdings flüsternd.

26.

Als ich die Kirche verlasse, knirscht der Schnee unter meinen Füßen. Atemwölkchen steigen hoch und lösen sich über meinem Kopf auf. Das erste Mal seit vier Wochen steht Sturmwolke nicht neben dem runden Verkehrsschild. Ich bücke mich für alle Fälle, gehe in die Knie und suche nach Spuren, aber der Schnee um das Verkehrsschild ist unberührt. Vorsichtig schiebe ich die obere Schicht beiseite: vielleicht hat jemand hier gestanden, ist aus irgendeinem Grund weggegangen, und der Neuschnee hat die alten Spuren verdeckt. Aber trotz intensiven Grabens finde ich nichts. Die Betonplatten des Bürgersteigs kommen zum Vorschein, und ich spüre, wie meine Finger erfrieren. Ich schaufele den Schnee zurück, um das Loch vorsichtig wieder aufzufüllen, da begreife ich die Sinnlosigkeit meines Tuns, richte mich schnell auf und stampfe mit den Füßen den Schnee rund um die Metallstange mit dem runden Verkehrszeichen fest. Plötzlich schießt mir das Blut in den Kopf, für einen Augenblick wird mir schwindelig, ich verliere die Orientierung und fürchte umzufallen. Ich ergreife die Stange und lasse sie gleich wieder los, denn meine Finger brennen vor Kälte. Taumelnd trete ich ein, zwei Schritte zurück, während in der Luft um mich herum Lichtfetzen tänzeln. Tief atmen, sage ich zu mir. Ich hole tief Luft, halte den Atem an, zähle bis zehn und atme anschließend langsam durch die Nase aus. Der Tanz der Lichter hört auf, die Nacht kehrt zurück, das Verkehrsschild steht dort, wo es immer war. Jemand hat den Schnee rundherum festgetreten, aber schon schneit es wieder, und schnell, schneller als gedacht, wird alles wieder so aussehen wie vorher, unberührt und glatt und einem Geheimnis gleich.

27.

Den untreuen Frauen, sagt Sturmwolke, schnitt man die Nase ab. Mich schaudert, als ich das Foto einer Indianerin ohne Nase sehe. Warum, frage ich, schnitt man ihnen ausgerechnet die Nase ab? Sturmwolke schaut mich an. Was hätte man ihnen sonst, fragt er kopfschüttelnd, abschneiden sollen? Ich weiß nicht, antworte ich, vielleicht die Finger oder ein Ohr? Sturmwolke seufzt, er hat bestimmt diese unwissenden weißen Männer satt, denen man alles erklären muß. Wenn du einer Frau ein Ohr abschneidest, sagt er, kann sie die Wunde oder die Narbe mit ihrem Haar oder mit einem Kopftuch verdecken; wenn du ihr die Finger abhackst, ist sie zu nichts mehr nutze; aber wenn du ihr die Nase abschneidest, dann sehen alle, was sie getan hat, und sie wird nie mehr auf den Gedanken kommen, ihren Mann zu betrügen. Die Indianerin auf dem Foto schaut direkt in die Kamera, sie sieht nicht so aus, als schämte sie sich. Was taten sie mit der Nase? – frage ich. Sturmwolke zuckt mit der Achsel. Sie schmissen sie doch wohl nicht den Hunden hin, sage ich. Ich stelle mir einen mageren gescheckten Hund vor, der mit der abgeschnittenen Nase im Maul zwischen den Zelten hindurch abhaut, während ihm mit wildem Gekläff Hunde und Kinder nachjagen. Vielleicht hob man die Nase auf, sage ich, als Mittel gegen den bösen Blick. Vielleicht vergrub man sie, erwidert Sturmwolke, gerade damit niemand sie findet, weder Menschen noch Hunde. Das kann man sich unschwer vorstellen, denke ich, einen kleinen Friedhof mit winzigen Grabhügeln, auf die jemand der ganzen Geheimnistuerei zum Trotz dann und wann eine duftende Wildblume legt. Die Sonne versinkt langsam hinter dem Rand der Prärie, die Schatten werden länger, die Dunkelheit kriecht an den Grashalmen hoch, und bald ist nichts mehr zu sehen. Nur die Blätter hört man rascheln, wenn Wind aufkommt.

28.
Ich mache die Augen schnell auf, aber in der Fensteröffnung sehe ich niemand. Ich schließe die Augen, mache sie wieder auf. Nichts geschieht. Es muß ein Traum gewesen sein, denn gerade eben, davon bin ich fest überzeugt, sah ich in der Fensteröffnung, in der unteren rechten Ecke, Sturmwolkes Gesicht. Er hielt die rechte Hand über die Augen, um besser ins Innere des Zimmers zu sehen und mich zwischen den Schatten ausfindig zu machen. Seine Lippen bewegten sich, doch man hörte nichts. Ins Haar hatte er sich zwei Federn gesteckt, beide weiß mit schwarzen Spitzen. Eine breite Haarsträhne, glänzend von Fett und geradegeschnitten, fiel ihm in die Stirn. An der Fensterscheibe hatten sich Tropfen gebildet, es entstand ein weißlicher Kranz. Sturmwolke las von Zeit zu Zeit die Tropfen mit der Zungenspitze auf, als

leckte er an Eis. Ich könnte jetzt aufstehen, zum Fenster gehen und nachsehen, ob die eine Ecke verschmiert ist, aber ich rühre mich nicht von der Stelle. Manchmal ist es besser, nichts zu unternehmen.

29.

Als ich nach dem Unterricht meine Papiere und Bücher ordne, kommt eine Frau in einem langen Mantel auf mich zu. Es stellt sich heraus, daß sie die Mutter des Mädchens mit den Zöpfen ist. Wie ist meine Tochter, fragt sie, macht sie ihre Hausaufgaben? Ich antworte, daß sie gut sei, aber nicht immer ihre Hausaufgaben mache, was, füge ich hinzu, nicht schlimm sei, denn dies sei kein Pflichtunterricht, sondern ein freiwilliger Kurs. Sie muß lernen, sagt die Frau, denn wie kann sie ihre Heimat besuchen, wenn sie ihre Muttersprache nicht kennt. Ich nicke, packe die Bücher in die Schublade, stopfe die Papierbögen in eine Plastiktüte. Ich merke, daß die Frau jede Bewegung verfolgt. Das sind die schriftlichen Arbeiten, sage ich, heute abend muß ich sie durchsehen und benoten. Jetzt nickt die Frau. Auch ich habe mit Kindern gearbeitet, sagt sie, aber mit kleineren, im Kindergarten. Ich weiß nicht, was ich darauf sagen soll. Ich schweige und höre, wie die Plastiktüte raschelt. Etwas wollte ich Sie fragen, sagt die Frau, aber jetzt ist vielleicht nicht der richtige Augenblick. Ich sehe sie an. Sie hat blaue Augen. Die Frau hält meinem Blick stand, dann hebt sie die Hand und berührt mit den Fingerspitzen ihren Hals. Nicht doch, sagt sie, immerhin befinden wir uns hier in einer Kirche.

30.

Noch eine untreue Frau, der man die Nase abgeschnitten hat, sagt Sturmwolke. Nicht die ganze Nase, fügt er hinzu, als er einen Schimmer des Entsetzens auf meinem Gesicht bemerkt, nur deren Spitze, nur soviel, daß jedermann sehen konnte, daß sie untreu gewesen war. Er schiebt das aufgeklappte Buch über den Tisch, bis es an meine Fingerspitzen stößt. Das Bild ist verschwommen, man kann darauf nur schwer die verstümmelte Nase erkennen. Zu sehen ist jedoch, daß die Frau die Augen zusammenkneift, vielleicht wegen der Sonne, vielleicht weil es ihr peinlich ist. Zusammengekniffene Lider und nach unten gebogene Mundwinkel vermitteln den Eindruck, daß die Frau den Tränen nahe ist, daß sie jeden Augenblick einen Weinkrampf bekommt. Sie trägt eine zweireihige Kette um den Hals. Es ist ein Schwarzweißfoto, aber ich vermute, Teile der Halskette waren bunt. Ihr Haar ist mit Sicherheit dunkel, in der Mitte gescheitelt, zu Zöpfen geflochten, die über den Rücken hängen. Die Zöpfe, sagt Sturmwolke, reichten zuweilen bis zur Taille und noch weiter. Ich gebe ihm das Buch zurück. Ich schiebe es in die entgegengesetzte Richtung über den Tisch, bis es seine Fingerspitzen berührt. Was meinst du, fragt Sturmwolke, tut das weh, wenn einem die Nase abgeschnitten wird?

31.

Sturmwolke und ich machen uns zu einer Slava-Feier auf. Während wir im Bus in den Norden der Stadt fahren, erkläre ich ihm, was eine Slava ist und wie man sich dabei verhält. Zum ersten Mal, seit ich ihn kenne, seit er buchstäblich in mein Leben getreten ist, erlebe ich ihn nervös. Schon dreimal hat er mich gefragt, wie ihm seine neue Lederjacke steht, ob die Fransen ordentlich hängen, ob sich die Perlen nicht verheddert haben, ob sein Scheitel gerade ist. Ich sage, er solle sich keine Sorgen machen, noch nie habe er besser ausgesehen. Du hättest mich vor zehn Jahren sehen sollen, sagt Sturmwolke. Du hättest mich vor zehn Jahren sehen sollen, entgegne ich. Die ganze Welt war vor zehn Jahren besser, sagt Sturmwolke. Außer ihm und mir befindet sich noch eine alte Frau im Bus. Sie sitzt vor uns, ab und zu dreht sie sich um und schaut uns an. Auch der Busfahrer schaut uns an, aber nicht direkt, sondern im Rückspiegel. Sturmwolke achtet nicht darauf. Vielleicht hätte ich, sagt er, Tabak und Zubehör mitnehmen sollen, um mit dem Hausherrn eine Friedenspfeife zu rauchen? Ich stelle mir den Popen mit der Pfeife in den Fingern und mit den vom scharfen Rauch geblähten Backen vor. Die Friedenspfeife rauchen wir ein anderes Mal, sage ich zu Sturmwolke, diesmal essen wir gekochten Weizen und trinken Schnaps. Ich mag keinen Schnaps, sagt Sturmwolke. Du mußt nicht alles austrinken, sage ich, es genügt, daran zu nippen. Sturmwolke wendet sich ab und schaut aus dem Fenster. Die Augen des Busfahrers erscheinen wieder im Rückspiegel. Die alte Frau hustet. Der Bus hält an, die Tür geht auf, eine Gruppe Teenager stürmt lachend und kreischend herein. Die Jungen tragen weite, sackförmige Hosen; die Mädchen haben trotz der Kälte unter den Jacken nur kurze T-Shirts an, die den Bauch nicht ganz bedecken; alle haben sie jede Menge bunter Strähnen im Haar. Sie lassen sich auf die Sitze plumpsen, als hätten sie bis vorhin auf einer Baustelle gearbeitet, legen die Beine hoch, lehnen die Köpfe gegen die Fensterscheiben, reiben sich die Augen. Im Bus herrscht für einen Augenblick vollkommene Ruhe. Dann reden alle auf einmal, sogar die alte Frau: nach vorne gebeugt, sagt sie etwas zum Fahrer. Er antwortet, aber sie versteht ihn nicht, legt die Hand hinter ihre Ohrmuschel. Etwas später schweigen wieder alle.

32.

Adam, der erste Mensch, hat sich geweigert, eine Gemeinschaft mit Gott einzugehen, sagt der Pope, und auf diese Weise scheinbar die Freiheit erlangt, tatsächlich aber den Tod erkannt. Und er habe den Tod nicht nur für sich erobert, sondern für die ganze Natur. Die ganze Natur, sagt der Pope und breitet die Arme aus, ist durch Adams Entscheidung sterblich geworden, denn Adam hat durch seine Weigerung die Natur der Möglichkeit beraubt, ihre Sterblichkeit zu überwinden. Aber Gott ist gütig, lächelt der Pope, anstatt sich vom Menschen abzuwenden und ihn dem Vergessen zu überlassen, schuf er dennoch diese Gemeinschaft durch seinen Sohn Jesus Christus, der zum Menschen geworden ist und dadurch sowohl der Natur als auch dem Menschen ermöglicht hat, in der Gemeinschaft mit ihm doch noch die Unsterblichkeit zu erlangen. Sturmwolke wartet geduldig, bis ich mit meiner holprigen Übersetzung fertig bin, dann sagt er: Ich kenne eine andere Geschichte. Es war so: Eines Tages formte Napi, den ihr den Alten Mann nennt, aus Lehm die ganze Welt, einschließlich einer Frau für sich. Napi und seine Frau formten dann die Menschen, waren sich aber nicht in allem einig. So wollte Napi, daß die Menschen an jeder Hand zehn Finger haben, seine Frau meinte jedoch, vier Finger und ein Daumen seien besser, wozu es schließlich auch kam. Eine Sache, über die sie sich nicht einigen konnten, war der Tod. Sie stritten und stritten, und am Ende sagte Napi: Ich werfe ein Stück Bisonkot ins Wasser; bleibt es an der Oberfläche, dann sollen die Menschen vier Tage tot sein und danach wieder lebendig werden, geht es unter, sollen sie ein für allemal sterben. Er warf ein Stück Bisonkot ins Wasser, und das schwamm auf der Oberfläche. Seine Frau war damit nicht einverstanden. Sie sagte: Kot ist für so etwas nicht geeignet; ich werfe jetzt diesen Stein ins Wasser, bleibt er an der Oberfläche, sterben die Menschen für vier Tage und werden danach wieder lebendig, geht er unter, sind sie für immer tot. Der Stein ging unter, und der Tod kam über die Menschen, aber Napi und seine Frau waren darüber nicht traurig, denn lebten die Menschen ewig, so würden sie kein Mitgefühl für ihre Nächsten empfinden. Jetzt wartet der Pope geduldig, bis ich mit meiner holprigen Übersetzung fertig bin, aber während er zuhört, schüttelt er gelegentlich den Kopf. Das mit dem Lehm ist genau wie bei uns, sagt er schließlich, aber deren Tod ist endgültig, weil sie die Gemeinschaft mit Gott nicht akzeptieren, obschon es nicht leicht fällt, sich zwischen einem Stück Bisonkot und einem Stein zu entscheiden. Soll ich das übersetzen? – frage ich. Nein, sagt der Pope, nimmt Sturmwolkes Hände in die seinen und sagt langsam, Wort für Wort, auf Serbisch: Durch Gott wird das Tor zum ewigen Leben geöffnet, verstehst du das? Sturmwolke nickt und lächelt. Halleluja, sagt er, halleluja! Dann wendet er sich zu mir: Ich hätte doch die Friedenspfeife mitnehmen sollen.

33.

Die Kinder am ersten Tisch rücken etwas und machen Sturmwolke Platz. Zwischen sie gezwängt, sieht er aus wie ein Riese. Ich bin Vladimir, sagt der Junge, der rechts neben ihm sitzt. Und ich bin Ružica, sagt das Mädchen an seiner Linken. Ich bin Sturmwolke, sagt Sturmwolke. Das wissen wir, antworten die Kinder im Chor. Wer, frage ich, zeigt unserem Gast die kyrillische Schrift? Alle heben die Hand, einige stehen auf, ein Junge steigt auf einen Stuhl, ein anderer stützt sich auf den Rücken des Indianers. Auch Sturmwolke hebt die Arme und versucht die Kinder zu beruhigen. Als ihm klar wird, daß sie nicht reagieren, wirft er den Kopf zurück und stößt einen langgezogenen, zitternden Schrei aus. Augenblicklich sind alle still. Sturmwolke lächelt. Das ist ein Teil des Liedes, das wir sangen, bevor wir den besiegten Gegner skalpierten, sagt er. Was ist skalpieren? – fragt Vladimir. Das ist, wenn du jemandem das Haar abschneidest, sagt ein Junge in einem gestreiften Hemd, aber zusammen mit der Kopfhaut. Das tut weh, meint Ružica. Das tut nicht weh, sagt Sturmwolke, weil der Gegner da gewöhnlich schon tot ist. Wer hat ihn getötet? – fragt Vladimir. Unser Gast ist zu uns gekommen, damit wir ihm die kyrillische Schrift zeigen, sage ich, und nicht, damit wir über die Kriegskunst diskutieren. Das nächste Mal sollte er trotzdem einen Tomahawk mitbringen, sagt der Junge im gestreiften Hemd. Gut, sage ich, und nun sollte einer von euch einen Satz in kyrillischer Schrift an die Tafel schreiben. Keiner rührt sich. Sie brauchen doch nichts aufzuschreiben, sagt Sturmwolke, es reicht, wenn sie mir die

Geschichte darüber erzählen. Was für eine Geschichte? – frage ich. Wenn wir eine Sache lernen wollen, sagt Sturmwolke, dann erzählt man uns die Geschichte darüber, wie diese Sache entstanden ist. Alles hat seine Geschichte, sagt er, jedes Lebewesen und jedes Ding, und wenn du die Geschichte kennst, dann kennst du auch die Sache selbst. Wirklich, meldet sich Vladimir, wie ist eigentlich die kyrillische Schrift entstanden? Einst, sage ich, vor langer Zeit, vor vielen, vielen Jahren entdeckte ein Mann am schlammigen Ufer eines Sees Spuren von Sumpfvögeln. Er dachte, diese Spuren, die ihm zeigten, welche Vögel sich da aufgehalten und was sie da getan hatten, könnten auch andere Dinge bezeichnen. Er nahm einen Stock, erzähle ich weiter, und malte auf den weichen Untergrund zunächst den Buchstaben A; später dachte er sich auch andere Buchstaben aus sowie den Punkt, das Komma, das Ausrufe- und das Fragezeichen, und so entstand die kyrillische Schrift. Das habe ich nicht gewußt, sagt der Junge mit dem gestreiften Hemd. Ich auch nicht, sagt Vladimir. Ich auch nicht, sagt Ružica. Alle schauen zu Sturmwolke hin. War es die Spur einer Schnepfe? – fragt er.

34.
Spät in der Nacht klingelt das Telefon. Welche Schnepfe, schreit der Pope, was für einen Unsinn redet er da? Ich halte den Hörer weit weg und lege ich ihn erst wieder ans Ohr, als die Stimme des Popen verstummt. Er hat nicht behauptet, daß eine Schnepfe die kyrillische Schrift erfunden hat, sage ich zum wiederholten Mal, sondern ich erzählte davon, daß die kyrillische Schrift aus den Spuren der Vögel am Ufer eines Sees entstanden ist, und er hat daraufhin die Schnepfe erwähnt. Am anderen Ende der Leitung ist es still. Hallo? – sage ich. Welches Sees? – fragt der Pope. Bitte? Wo hat sich das zugetragen, sagt der Pope, an welchem See? Ich weiß es nicht, sage ich, vielleicht am Ohridsee. Gibt es dort Schnepfen? – fragt der Pope. Vögel gibt es dort bestimmt, sage ich, es wür-

de mich nicht wundern, wenn es auch Schnepfen gäbe. Der Pope räuspert sich. Ich habe mich ganz schön aufgeregt, sagt er, jetzt ist es mir leichter. Mir auch, sage ich. Gute Nacht, sagt der Pope. Gute Nacht, sage ich und lege auf. Gleich danach klingelt es wieder. Ich bin es, sagt der Pope. Ich hab es mir gedacht, antworte ich. Sag mal, fragt der Pope, wie sehen Schnepfen eigentlich aus?

35.

Im ersten, dem kleineren Raum sind Gegenstände aus der frühesten Geschichte der nordamerikanischen Indianer ausgestellt. Von dort gelangt man in einen etwas größeren Raum, der der Geschichte der Schwarzfußindianer gewidmet ist. Dann kommt der dritte, der größte, hell erleuchtete Raum mit Schaukästen und Gegenständen aus dem Alltag des Stammes, wozu auch das Tipi, das hohe Zelt, gehört, das in der Mitte des Saals aufgeschlagen ist. Wir gehen langsam auf das Zelt zu, als schlichen wir uns an. Auf das Zelt sind Hirsche gemalt. Ihre Hufe stützen sich auf gewellte Linien, die das ganze Zelt umgeben, mit ihren Hörnern berühren sie schwarze Kreise. Das sind Sterne, sagt Sturmwolke, und die Linien sind Gebirgsbäche. Derjenige, der in diesem Tipi lebt, ist demnach mutig wie ein Hirsch auf einem Felsvorsprung, und er wird nicht eher Halt machen, als bis er die Sterne erreicht. Ein Zeltflügel ist hochgezogen, und als ich einen Blick ins Innere werfe, sehe ich Kleidungsstücke auf einer Leine hängen, eine mit Matten bedeckte Liege, zwei Paar Mokassins, einen leeren Kochkessel, einen Bogen und einen Köcher. Geh rein, sagt Sturmwolke und berührt mit seinen Fingerspitzen meine Schulter. Ich bücke mich, trete hinein, richte mich wieder auf. Ich höre, wie Sturmwolke den Zeltflügel herunterklappt. Für einen Augenblick erfaßt mich Angst: nichts ist leichter, als sich dort zu verlieren, wo sich keiner verliert. Das Licht im Zelt ist sanft, dick, fast milchig, und als ich zur Mitte schreite, scheint es mich zu verfolgen, als liefe ich in einer Kapsel aus Glanz. Ich hebe den Blick und sehe durch die Öffnung an der Spitze des Zeltes die Sterne. Es ist Nacht. Man hört einen Kojoten, dann meldet sich ein Uhu, dann wird es still. Danach knistert ein trockener Zweig unter jemandes Fuß. Die Angst steigt mir bis zum Hals, Schweißperlen treten auf meine Stirn. Ich sinke auf die Knie, lege mich auf die Seite. Die Sterne gleiten immer schneller über die Ränder der Öffnung, eine blasse Spur hinter sich lassend. Ich schließe die Augen, es gibt mich nicht mehr.

36.
Jemand klopft leise und ausdauernd an mein Fenster, aber ich stehe nicht auf. Ich ziehe die Decke über den Kopf, kauere mich zusammen, presse die Hände gegen die Ohren. Als ich mich am nächsten Morgen aus dem Bett herausschäle, ist an der Fensterscheibe nichts zu sehen, auch im Schnee sind keine Spuren zu finden. Ich schaue in den Briefkasten für den Fall, daß jemand eine Nachricht eingeworfen hat, aber der ist leer. Ich laufe um das Haus herum, schaue in die Garage, stecke die Finger in das bunte Vogelhäuschen: nichts hat sich verändert. Erst später finde ich unter einem Strauch eine tote Maus.

37.
Am Freitag abend, Punkt neun, verlasse ich die Kirche. Es weht ein lauer Wind, der Schnee schmilzt unter meinen Füßen. In der Ferne ertönt das Geheul einer Feuerwehr. Als ich an dem runden Verkehrsschild vorbeikomme, höre ich es kurz quietschen, als erinnere es sich an etwas. Ich möchte anhalten, es mir von nahem ansehen, aber ich weiß, daß der Pope am Fenster hinter dem Vorhang lauert und mich beobachtet. Also bleibe ich nicht stehen, gehe weiter bis zum Fußgängerüberweg. Dort warte ich, bis die Ampel umschaltet, und als mich die grünen Buchstaben auffordern zu gehen, überquere ich die Straße.

Die Schulter

Am Freitag wachte ich mit einem Schmerz in der linken Schulter auf. Es war ein dumpfer Schmerz, kaum mehr, dachte ich, als ein unangenehmes Gefühl, das von einer ungünstigen Haltung beim Liegen herrührt, wofür ich letztlich der Matratze die Schuld gab. Alt, verschlissen und völlig durchgelegen, sollte sie längst durch eine neue ersetzt werden. Dieser leise Schmerz in der Schulter, tiefsitzend und kaum wahrnehmbar – das war, ich ahnte es, die letzte Mahnung.

Im Laufe des Tages, in der Hetze der verschiedenen Verpflichtungen, verschwand der Schmerz, oder ich hatte einfach nicht mehr an ihn gedacht. Aber am Abend, als ich nach Hause kam, meldete er sich wieder. Ich wollte mein Sakko ausziehen, und als ich den linken Arm nach hinten streckte, kam der Schmerz wie ein Blitz – dieses Mal heftig – und stoppte meine Bewegung auf halbem Weg. Ich stand vor dem Spiegel, breitbeinig und etwas nach hinten geneigt, und konnte deutlich sehen, wie sich meine Stirn in Falten legte und wie ich mit verzerrtem Mund die Luft durch die Zähne einsog. Ich ließ die Arme sinken, und das Sakko glitt zu Boden.

Ich ging ins Badezimmer und nahm zwei Schmerztabletten. Dann machte ich mir ein Stück Lasagne warm und aß es im Sessel vor dem Fernseher bei den Nachrichten und der Sportschau. Dazu trank ich Apfelsaft. Als ich aufstand, um den Teller in die Küche zu bringen, war der Schmerz nicht mehr da. Ohne die Gabel aus der Hand zu legen, hob ich vorsichtig den linken Arm über den Kopf nach hinten zum Rücken, peinlichst darauf bedacht, mit den Gabelzinken nicht an mein

Hemd zu kommen. Der Fernsehsprecher gab die Spielergebnisse bekannt, ohne die Augen vom Blatt zu heben, das in seinen Händen leicht zitterte. Als er schließlich den Blick auf die Kamera richtete, meldete sich der Schmerz mit der ganzen Wucht eines Donners zurück, der auf die trügerische Stille nach einem Blitz folgt. Ich stolperte, der Teller glitt mir aus der Hand, die Reste von Nudelteig und Hackfleisch landeten auf dem Teppich. Der Schmerz wurde gleich leiser, verstummte, und als ich mich bückte, um den Unrat aufzulesen, spürte ich ihn nur noch als einen flackernden Widerhall des richtigen Schmerzes, als eine Ahnung der Qual, die sich im Labyrinth des Schultergelenks verloren hatte.

Es gibt Menschen, die Schmerzen ertragen können, aber ich gehöre nicht zu ihnen. Wenn mir etwas weh tut, warte ich zunächst eine Weile, dann nehme ich eine Tablette oder zwei, und lege entweder einen heißen oder kühlen Umschlag auf die schmerzende Stelle. Wenn der Schmerz danach nicht ganz verschwindet, suche ich schleunigst einen Arzt auf. Das tat ich auch diesmal. Ich wollte nicht noch einmal ins Stolpern kommen oder Angst vor einer neuen Schmerzattacke haben. Daher eilte ich zur diensthabenden Ambulanz im nächsten Häuserblock gleich neben dem Sportgeschäft.

Im Wartezimmer saßen vier Personen: eine Mutter mit ihrer kleinen Tochter, ein junger Mann, dessen Hand in ein blutverschmiertes Tuch gewickelt war, eine vor sich hindösende Greisin. Das kleine Mädchen hatte, nach allem zu urteilen, Schmerzen am linken Ohr, denn es preßte ein Frotteehandtuch dagegen, wobei es den Kopf schief hielt. Die Mutter flüsterte ihm etwas ins andere Ohr: vielleicht erzählte sie ihm ein Märchen, versuchte, seine düsteren Gedanken zu vertreiben, oder wollte es einfach nur daran hindern einzuschlafen. Das Mädchen nickte einige Male, und erst dann sah ich, daß aus seinen Augwinkeln ab und zu Tränen tropften.

Die Frau an der Anmeldung hatte rote Wangen. Sie fragte mich, wie ich hieße, weswegen ich käme und ob ich früher schon mal da gewesen sei. Ich beantwortete ihre Fragen. Sie wollte auch wissen, wie lange ich schon den Schmerz in der Schulter spürte und ob es das erste Mal sei. Ich sagte, der Schmerz habe bereits heute morgen eingesetzt, eigentlich habe er mich geweckt, schon bevor mein Wecker geklingelt habe, und es sei das erste Mal. Und die andere Schulter, fragte die Frau, wie steht es damit? Wir blickten beide meine rechte Schulter an, aber bevor ich etwas sagen konnte, erschien in der Tür zum Sprechzimmer der Arzt und nannte einen Namen. Das bin ich, sagte die Frau mit der Tochter. Sie stand auf und zog das Mädchen mit sich. In der Stille hörte man plötzlich die Greisin leise schnarchen. Heute nacht haben drei Ärzte Dienst, sagte die Frau von der Anmeldung, Sie werden nicht lange warten müssen.

In der Tat, kaum hatte ich mich hingesetzt, da ging eine andere Tür auf. Der junge Mann mit dem blutverschmierten Tuch stand auf, noch bevor der blonde Arzt seinen Namen gerufen hatte. Die dösende Greisin rührte sich und gab einen schmatzenden Laut von sich. Ihr rechter Arm glitt von ihrem Schoß und baumelte nun über einem zerknüllten Papiertaschentuch auf dem Boden. Unter dem Stuhl, auf dem der junge Mann mit dem blutigen Tuch gesessen hatte, sah man einige unregelmäßige dunkle Flecken. An der Wand hing ein Poster, das auf die Gefahren des Rauchens hinwies. Ein zweites Poster mit einer Liste der Symptome von Depressionen war in der Nähe des Fensters angebracht. In einer Ecke stand einsam ein Kleiderständer. Auf einem niedrigen Tischchen häuften sich Zeitungen und Zeitschriften. Auf ein nur teilweise gelöstes Kreuzworträtsel warf ein mit Wasser gefüllter Plastikbecher einen langen Schatten.

Die Tür des dritten Sprechzimmers machte ein quietschendes Geräusch, und in ihr erschien ein blasses Mädchen. Es ging zu der Frau von der Anmeldung, beugte sich zu ihr hin und flüsterte ihr etwas zu. Die Frau von der Anmeldung lächelte. Sie berührte mit den Fingerspitzen den Handrücken des Mädchens. Das Mädchen drehte sich um und ging zum Ausgang. An der Glastür angekommen, lehnte es sich mit dem ganzen Körper dagegen und drückte sie auf. Augenblicklich füllte sich das Wartezimmer mit den Geräuschen des nächtlichen Verkehrs. Da rief die Frau von der Anmeldung schon meinen Namen. Ich schaute sie an und dann die eingenickte Greisin, aber die Frau winkte ab. Die Greisin, sagte sie, verbringe hier jede Nacht schlafend mehrere Stunden und gehe dann wieder, nein, ich drängte mich nicht vor. Ich stand auf und ging in das Sprechzimmer. Eine Ärztin, eine kräftige junge Frau, saß dort an einem kleinen Schreibtisch. Sie warf einen Blick auf das Blatt, das vor ihr lag, und stellte mir dann dieselben Fragen, die ich bereits der Frau von der Anmeldung beantwortet hatte. Ich sagte ihr meinen Namen, daß ich wegen eines Schmerzes in der linken Schulter gekommen sei, daß ich in Notfällen immer diese Ambulanz aufsuchte. Wie lange spüren Sie diesen Schmerz? – fragte die Ärztin. Ich sagte, daß der Schmerz schon heute morgen in der Frühe aufgetreten sei, lange bevor mein Wecker geklingelt habe, und daß ich, nachdem ich davon wach geworden sei, nicht wieder habe einschlafen können. Haben Sie das früher schon mal gehabt? – wollte die Ärztin wissen. Bisher nie, sagte ich, es ist das erste Mal. Die Ärztin wendete das Blatt, aber dort stand nichts geschrieben. Und die andere Schulter, fragte sie, wie steht es damit? Wir blickten beide meine rechte Schulter an, als könne sie uns etwas mitteilen. Die ist in Ordnung, sagte ich. Ich hoffe es wenigstens, fügte ich hinzu. Die Ärztin schrieb etwas auf den Fuß des Blattes und sagte: Ein bißchen Hoffnung brauchen wir alle. Dann stand sie auf.

Sie war nicht nur kräftig, sondern auch hochgewachsen. Wäre sie mir jetzt nahe gekommen, hätte meine Stirn bis an ihr Kinn gereicht. Aber sie bat mich zunächst, mich auf die mit einem weißen Laken bedeckte Liege zu setzen. Die Liege war ebenfalls hoch, und ich mußte erst auf eine Metallstufe

an ihrem Ende steigen. Als sie mir dann doch nahe kam, befanden sich unsere Gesichter auf gleicher Höhe.
Sie forderte mich auf, beide Arme nach vorne auszustrecken. Sie betrachtete mich und neigte dabei den Kopf, zunächst nach links, dann nach rechts. Danach verlangte sie, ich solle die Arme in Richtung Zimmerdecke heben, sie nach hinten biegen, sie wie Propeller drehen. Nach jeder dieser Handlungen sollte ich die Beschwerden schildern, die ich dabei empfand, falls ich welche empfand, sowie die Art, in der sich der Schmerz von dem Schmerz in der vorangegangenen Position unterschied, falls ich ihn da empfunden hätte. Dann bat sie mich, die Arme wieder nach vorne auszustrecken, zunächst mit den Handflächen nach unten, dann nach oben. Sie legte einen Bleistift auf meine Handflächen, und er zitterte leicht, als hinge er an einem unsichtbaren Faden. Die Ärztin nahm den Bleistift weg und klemmte ihn hinter ihr Ohr. Sie berührte meine Fingerspitzen und fragte, ob ich eine Veränderung in ihrer Empfindlichkeit spürte. Nein, sagte ich, obwohl ich mir eigentlich nicht sicher war. Die Ärztin zog mit dem Nagel ihres rechten Zeigefingers eine unsichtbare Linie auf meinem rechten Handteller. Spüren Sie das? – fragte sie. Ich nickte. Dann zog sie die Linie auf meiner linken Hand. Und das? Vielleicht etwas weniger, sagte ich. Vielleicht ist keine Antwort, sagte die Ärztin. Sie kniff mich in den rechten, dann in den linken Daumen. Spüren Sie einen Unterschied? – fragte sie. Ich wußte es nicht. Die Ärztin seufzte und schüttelte den Kopf. Dann kam sie mir näher, packte mich an den Handgelenken und legte meine Handflächen auf ihre Brüste. Und jetzt, fragte sie, spüren Sie jetzt einen Unterschied? Ich versuchte, mich auf meine Handflächen zu konzentrieren, zunächst auf die rechte, dann auf die linke, aber ich hatte eigentlich nur den Wunsch, die Augen zu schließen, nichts weiter. Die Ärztin hob meine Daumen an und legte sie an die Spitzen ihrer Brüste. Linker Daumen, rechter Daumen, sagte sie, wie kommt es Ihnen vor? Ich preßte sanft mit dem

rechten Daumen ihre linke Brustwarze, dann mit dem linken Daumen ihre rechte Brustwarze. Es gab etwas Verwirrendes in diesem Seitenwechsel, in diesem Verbinden entgegengesetzter Pole des menschlichen Körpers, aber ich muß gestehen, daß ich unter beiden Daumen spürte, wie ihre Brustwarzen allmählich fest wurden und gegen das Gewebe der Bluse drückten. Kein Unterschied? – fragte die Ärztin. Keiner, sagte ich. Sind Sie sicher? Ja, sagte ich. Pressen Sie weiter, sagte die Ärztin. Ich preßte weiter. Und jetzt? – fragte sie. Auch jetzt, sagte ich. Ich könnte bis an mein Lebensende so verharren, dachte ich, so an ihren Brüsten hängend, aber sie bewegte sich, trat zurück, setzte sich an den Schreibtisch und begann zu schreiben. Meine Hände blieben noch eine Weile in der gleichen Stellung, dann erschlafften sie und sanken in meinen Schoß.

Dann klopfte es an der Tür. Die Ärztin öffnete sie, und man vernahm die Stimme der Frau von der Anmeldung. Sie teilte mit, es sei ein Kind eingeliefert worden, bei dem man das Nasenbluten nicht stillen könne. Die Ärztin blickte zu mir, bat mich zu warten, schloß die Tür hinter sich. Mein erster Gedanke war, zum Schreibtisch zu laufen, um zu sehen, was sie aufgeschrieben hatte, aber ich fürchtete, ich schaffte es nicht, wieder flink genug auf die Liege zu klettern, falls sie zu schnell zurückkäme. Zunächst ließ ich eine Weile meine Beine baumeln, dann betrachtete ich eine Weile die Ecken des Sprechzimmers und die Staubspuren auf dem Milchglas, hinter dem sich die leuchtenden Neonröhren verbargen. An der Wand rechts neben der Tür befand sich eine große Uhr. Am Kleiderständer hing eine rote Jacke. Im Abfallkorb neben dem Schreibtisch ruhten gebrauchte Plastikhandschuhe und zerknüllte Papierbögen. Über dem Waschbecken war ein Spiegel angebracht. An der Zimmerdecke bemerkte ich zwei Rauchmelder. Der Fußboden war sauber. Ich ließ die Beine wieder baumeln. Es gab nichts mehr zu betrachten, und ich dachte, es wäre am besten, die Augen zu schließen. Ich schloß sie. Von irgendwoher tief im Bauch oder vielleicht von noch tiefer überkam mich eine große Müdigkeit. Sie stieg meine Wirbelsäule hoch, kroch zwischen meine Beine und unter meine Achseln, legte sich um meinen Hals, summte in meinen Ohren. Langsam sank ich auf die rechte Seite und legte meinen Kopf in die rechte Hand. Ich zog die Beine hoch, streckte sie aber nicht aus. Zusammengekauert werde ich leichter einschlafen, dachte ich. Dann erklangen Schritte, aber ich öffnete die Augen nicht. Ich wußte, man bringt mir eine warme Decke. Hier wird man doch nicht zulassen, daß ich mich erkälte.

Mein Mann

Heute ist Freitag. Seit Montag bleibt mein Mann jeden Tag, wenn er von der Arbeit heimkommt, im Wagen sitzen. Er hockt regungslos da, nur gelegentlich senkt er den Kopf und lehnt die Stirn auf das Lenkrad.
Er bleibt immer länger sitzen. Am Montag waren es nur fünfzehn Minuten, am Mittwoch blieb er fast eine Stunde lang im Wagen. Jetzt brennen schon die Straßenlaternen, und er, eine dunkle Silhouette, sitzt immer noch da.
Am ersten Tag legte ich, als er ins Haus kam, meine Hand an seine Wange. Er hob den Blick nicht. Danach berührte ich ihn nicht mehr, stellte auch keine Fragen. Ich übte mich in Geduld. Als wir uns schlafen legten, zog ich mein Nachthemd hoch bis zum Kinn, schmiegte mich an ihn und umklammerte ihn mit meinen nackten Beinen. Er schob seine Hand zwischen meine Schenkel wie immer, aber ich wußte, daß seine Finger woanders waren.
Letzte Woche fand man in einem der Häuser unserer Straße eine Frau tot. Eine Nachbarin hatte die Polizei gerufen, weil die Katzen im Haus der toten Frau, von der damals noch keiner wußte, daß sie tot war, ununterbrochen miauten. Als man die Tür aufbrach, stürmten die Katzen hinaus. Die Frau fand man auf dem Boden im Schlafzimmer, neben dem Bett. Gestern fiel mir das ein. Ich dachte daran, daß zwischen diesem Tod und dem Verhalten meines Mannes ein Zusammenhang bestehen müsse, aber bald gab ich es auf, zu suchen. Es fällt nicht leicht, an jemandes Sterben zu denken, obwohl weder er noch ich diese Frau kannten.
Die Katzen blieben im Hof. Manchmal kommen sie hinter unser Haus, zerren an den Müllsäcken, suchen nach Essensresten.

Ich weiß nicht, wie spät es inzwischen geworden ist. Mein Mann sitzt immer noch im Auto, teilweise von der Straßenlaterne beleuchtet. Wenn er nicht bald aussteigt, bringe ich ihm eine warme Decke. Als wir hier einzogen, stand der Apfelbaum vor unserem Haus in voller Blüte, aber jetzt ist Herbst, die Äste sind nackt, die Nächte kühl, am Himmel ballen sich Wolken.
Da fallen mir die Nachbarn ein. Ihnen ist bestimmt nicht entgangen, was sich seit einigen Tagen vor unserem Haus abspielt. Ihnen entgeht ohnehin nichts. Abends hocken sie im Dunkeln, tagsüber lauern sie hinter den Vorhängen versteckt. Eigentlich weiß ich nicht, was sie zu sehen hoffen. Morgens vor neun kommt der Briefträger in unsere Straße. Jeden Dienstag und Freitag in der Mittagszeit wirft ein junger Mann, ein Chinese, Reklamezettel in unsere Briefkästen. Werktags um vier Uhr nachmittags, wahrscheinlich nach der Schule, betreten ein älterer Mann und ein kleines Mädchen mit einem Rucksack eines der Nachbarhäuser. Samstags am Vormittag, oder vielleicht ist das sonntags, kommen die Zeugen Jehovas. Weiter geschieht nichts.
Jetzt beobachten sie meinen Mann, der wie ein Ertrinkender das Lenkrad umklammert.
Einmal träumte er tatsächlich zu ertrinken. In diesem Traum sei er, erzählte er mir, zu weit hinausgeschwommen und habe es nicht mehr zurück geschafft. Er ließ die Arme hängen und begann unterzugehen. Während er versank, verschwand allmählich die Landschaft um ihn herum, als wischte sie jemand mit einem riesigen Radiergummi weg. Zunächst verschwand das Ufer, nach ihm die Weiden und die Pappeln, dann der Turm auf dem Berg. Nur die Bläue des Himmels blieb. Aber dann trat an ihre Stelle das Blau des Wassers. Vor seinen Augen tanzten Luftblasen, die es eilig hatten, nach oben zu kommen. Dann sah er nichts mehr. Eine entsetzliche Angst erfaßte ihn, und er wurde wach.
Ich versuchte ihn zu trösten. Ich nahm ihn in die Arme und

flüsterte ihm beruhigenden Unsinn ins Ohr. Heile, heile Gänschen, sang ich und wiegte ihn hin und her. Eins, zwei, drei – die Angst ist gleich vorbei.
Als man die Frau fand, saß eine schwarze Katze auf ihrer Brust. Sie blieb da die ganze Zeit während der Ermittlungen sitzen und sprang erst herunter, als die Sanitäter die Frau aufbahrten. Danach ist wohl auch sie hinausgelaufen.
Mitte September hing der Baum voller Äpfel. Wir aßen beide jeden Tag drei, vier Äpfel, ich backte Apfelkuchen, kochte Apfelmus. Ich pflückte zwei Plastiktüten voll und stellte die eine vor die Tür des Nachbarhauses. Die zweite ließ ich vor unserer Tür stehen, für den Briefträger.
Am Mittwoch sagte mein Mann, daß er manchmal auf dem Weg zur Arbeit Vögelgezwitscher höre. Wenn er sich aber an einer Ampel aus dem Autofenster hinauslehne und den Hals lang mache, sehe er doch nichts als die leere Weite des Himmels.
Ich weiß nicht, warum mir jetzt alle diese Dinge in den Sinn kommen. Vom langen Stehen tun mir schon die Beine weh, aber wenn ich mich jetzt in den Sessel setze, kann ich die Straße nicht mehr sehen; wenn ich mich auf das Sofa setze, wende ich ihr den Rücken zu; wenn ich mich hinlege, schlafe ich ein.
Gestern, am Donnerstag, blieb er zwei Stunden im Auto sitzen. Ich stand genauso am Fenster wie jetzt und wie wer weiß wie viele Nachbarn auch und wartete. Das Essen auf dem Tisch wurde kalt: Hühnerschenkel mit Erbsen, Kopfsalat, Schokoladenpudding. Am Ende habe ich alles in den Mülleimer geworfen.
Heute habe ich nichts gekocht.
Beim Frühstück heute morgen fragte ich ihn, ob er mir etwas sagen möchte, egal was. Jetzt sei der richtige Augenblick, sagte ich, nachher sei es zu spät. Mein Mann legte die Zeitung beiseite, setzte die Brille ab, rieb sich die Augen. Wofür? – fragte er. Ich wußte es nicht. Ich sagte: Für alles. Mein Mann

setzte seine Brille wieder auf und sah mich an. Er hat mich schon lange nicht mehr angeschaut, dachte ich. Ich versuchte sogar zu lächeln. Mein Mann sah mich weiter an. Da kamen mir die Tränen, und ich senkte den Kopf.

Wir hätten uns eine Katze anschaffen sollen. Jetzt würde sie um meine Beine streichen, ihren Rücken rund machen, ihren Schwanz aufstellen.

Nichts stehe miteinander in Zusammenhang, sagte mein Mann, als ich ihm von Physikern erzählte, die nach der letzten, allumfassenden Theorie suchten. Ich hatte einen Artikel über sie im Wochenblatt gelesen, das uns der Briefträger jeden Mittwoch in den Briefkasten steckt. Nach dieser Theorie, sagte ich, bildeten alle Dinge auf der Erde ein untrennbares Ganzes. Mein Mann stützte den Kopf auf die Hand und schloß die Augen. Jeder von uns, sagte er, wandele völlig allein auf dieser Welt. Und ich, fragte ich, wo bleibe ich? Mein Mann sah mich an. Das möchte ich auch gern wissen, sagte er.

Darauf sagte ich nichts. Ich stand auf, nahm die Schale mit dem Gebäck und fand darin einen Teekringel. Den nahm ich in den Mund und versuchte, meine Zunge durch die Öffnung in seiner Mitte zu schieben. Der Kringel fiel auseinander, wurde feucht von der Spucke, der Teig blieb an meinen Zähnen haften.

Ich hätte trotz des klebrigen Teigs etwas sagen sollen. Ich hätte ihn rütteln sollen, an den Haaren packen und sagen: Guck! Ich reiße dir die Haare aus! Du bist nicht allein! Ich hätte mich nicht einmal rühren müssen, ich hätte ruhig so im Sitzen reden können, nichts hinderte mich daran. Hätte ich da etwas gesagt, stünde ich jetzt nicht am Fenster.

Dann sprach er weiter. Er sagte: Wenn du deinen Arm ausstreckst, glaubst du dann wirklich, du berührtest jemanden? Bestenfalls berührst du jemandes Widerschein, aber auch dann bist nicht du es, die das tut, sondern dein Widerschein. Ein Widerschein berührt einen anderen Widerschein, das ist das ganze Leben. Diese Welt ist ein großer Spiegel, in dem man das Abbild der Dinge sieht, die irgendwo anders, außerhalb von uns geschehen. In Wirklichkeit ist hier jeder allein. Im Spiegel sind wir Scheinbilder, die von anderen Scheinbildern umgeben sind. Dort findest du mich nicht.

Jetzt gehe ich eine warme Decke holen. Ich habe lange genug gewartet. Ich werde ihn auf den Arm nehmen, er ist ja so leicht, ihn ins Haus tragen, ihm eine Suppe machen. Ich werde ihm sagen, daß die Einsamkeit etwas ist, was wir wählen, weil wir sonst nicht glauben können, egal ob mit dem Spiegel oder ohne ihn, und ihn fest an mich drücken, bis er mit mir verschmilzt, bis er nicht mehr allein ist.

Als ich aus dem Haus trete, überraschen mich die Sterne.

Der Papst

Als Mendoza sich beim Verlassen des Spielfelds vor der Fernsehkamera bekreuzigt, richtet sich der Papst ergriffen auf. Er blickt um sich, aber die Kardinäle schlummern selig in ihren bequemen Sesseln. Mendoza verschwindet vom Bildschirm, sofort spürt der Papst wieder die Last der Einsamkeit, aber schon geht das Spiel weiter, und er gibt sich wieder dem sprachlosen Fiebern für seine Mannschaft hin.

—

Der Papst unterhält sich gern mit Soldaten. Sie erzählen ihm von fernen Ländern, die er nie besucht hat. Ich möchte Soldat sein, denkt der Papst, während er vor der in Reih und Glied aufgestellten Kompanie steht. Die Kompanie ist von weither gekommen. Die Soldaten sind dreckig, verschwitzt, blutverkrustet. Einige können sich kaum noch auf den Beinen halten, andere dösen, auf ihre Speere gestützt, vor sich hin. »Sag mir, Soldat«, spricht der Papst einen strammen Burschen an und bemerkt jungen Flaum auf dessen Oberlippe, »wie sieht Jerusalem aus?« Der Soldat versucht, stramm zu stehen, und der Papst sieht, wie er vor Anstrengung und Erschöpfung zittert. »Als ich dort ankam«, sagt der Soldat, »sah ich nur noch Asche.«

—

Bei seinen Spaziergängen durch die langen Korridore entdeckt der Papst als erstes die Symmetrie der Wiederholung. Wenn er den Blick hebt, sieht er Arabesken, deren Sinn er nicht erfaßt. »Warum sollte auch alles einen Sinn haben?« fragt sich der Papst flüsternd, dann beißt er sich auf die Lippen und schaut um sich. Heutzutage haben auch die Wände Ohren.

—

Der Papst wacht immer früh auf. Das Fenster ist geöffnet, die Luft frisch, der Himmel blau usw. Der Papst steht auf, stolpert über sein langes Nachthemd, da erblickt er einen Vogel auf der Fensterbank. Er geht zurück zum Nachttisch, aber von seinem Butterbrot vom Abend ist nichts übriggeblieben. »Vögelchen«, sagt der Papst zum Vogel, »soll ich jemanden schicken, Brot zu holen?« Der Vogel antwortet nicht. »Oder möchtest du lieber Körner haben – Weizen oder Hirse?« Der Vogel schweigt weiter. Der Papst greift zum Telefon und verlangt das Hauptmagazin. Eine schlaftrunkene Stimme sagt: »Hallo?« »Gibt es Hirse im Magazin?« fragt der Papst. »Wer ist dort?« sagt die Stimme, immer noch schlaftrunken. Da fliegt der Vogel weg. »Wer ist dort?« wiederholt die Stimme. »Unwichtig«, sagt der Papst und legt auf.

—

Lange wußte er nicht, daß es Spiegel gibt. Aber eines Tages bringt man ihn in einen Raum, wo ihm unzählige glatte Flächen sein Bild zurückwerfen. Der Papst stellt sich für einen Augenblick vor, die Welt sei voller Päpste, und schnalzt vor Entzücken mit der Zunge. Dann ruft er Handwerker und läßt sie alle Spiegel abhängen. Nur einen behält er in seiner Dachkammer. Niemand weiß davon.

—

Wenn es etwas gibt, das er nicht ausstehen kann, dann sind es die Morgenstunden. Jedesmal, wenn er aufwacht, hat sich das Nachthemd bis zum Kinn hochgeschoben. »Ich will in einem Pyjama schlafen«, sagt der Papst und stampft zornig mit dem Fuß auf. Die Kardinäle schauen einander an. »Und die Schlafmütze bin ich auch leid«, brüllt der Papst und wirft die Schlafmütze weg. Sie fällt auf seine gefütterten Seidenpantoffeln, ein Geschenk des türkischen Botschafters. »Die Vorschriften erlauben das nicht«, wagt schließlich ein Kardinal zu bemerken. Die Vorschriften, denkt der Papst, verdammt, ich hätte ein einfacher Dorfpfarrer bleiben sollen.

—

Der Papst schreibt Gedichte. Ein Journalist fragt ihn: »In Ihrem Fall sollte man in der Tat von göttlicher Eingebung sprechen, meinen Sie nicht auch?« Der Papst hat seinen *Faust* gelesen, er weiß, wo diese Frage hinführt. Deshalb schweigt er. »Gibt es noch Fragen?« meldet sich ein Kardinal, der päpstliche Presseattaché. Der Papst spürt Schweiß auf seiner Stirn wie eine eiskalte Hand.

—

Vormittags Sitzungen, mittags Dienstessen, nachmittags die Vorbereitungen auf den nächsten Tag. Nur abends (vor und nach dem Abendgebet) hat der Papst ein wenig Zeit für sich. Dann sitzt er am Fenster und betrachtet den Himmel. Von allem, was er sieht, gefallen ihm die Wolken am besten. Jede hat eine andere Form. Die einen erinnern an bekannte Dinge, die anderen an solche, die noch erfunden werden müssen, die dritten lassen ferne Welten erahnen, die vierten lösen sich unter dem Blick des Papstes auf. Die Schritte, die im Palast zu hören sind, sind die eines jungen Mönchs, der dem Papst regelmäßig den Nachttopf bringt. Der Papst würde gern mit dem jungen Mann plaudern, aber der Mönch hat sich die Zunge abschneiden lassen, damit all seine Gedanken allein Gott gehören.

Welch eine Dummheit, denkt der Papst. Der Mönch stellt das Nachtgeschirr hinter die Tür, deckt es mit einem reichbestickten Tuch zu, verneigt sich und verschwindet wieder.

—

Der Papst ist allein. Nichts interessiert ihn. Er hat die Heilige Schrift durchgeblättert, aber keine Stelle darin gefunden, die er nicht auswendig wußte. Vielleicht könnte er jemanden anrufen, aber wen? Früher hatte er sich einen großen Spaß daraus gemacht, aufs Geratewohl Nummern zu wählen und in seinen Ärmel zu kichern, wenn die verstörte (männliche oder weibliche) Stimme rief: »Hallo! Hallo? Wer ist da?« Aber der Papst spürt, daß er aus solchen Kindereien herausgewachsen ist. Jetzt stellt er sich lieber eine Welt vor, in der es mindestens zwei Päpste gibt. Mit diesem anderen könnte er dann Domino spielen oder Schach. Und wenn es gar drei davon gäbe! Skat! Der Papst reibt sich zufrieden die Hände. Vielleicht sollte er das beim nächsten Konzil vorschlagen? Der Papst geht an seinen Schreibtisch, schaltet den Computer ein und stellt die Frage: Wann findet das nächste ökumenische Konzil statt? Der Computer antwortet: Im Jahre 2012. Der Papst tippt ein: Aber dann lebe ich nicht mehr! Du nicht, antwortet der Computer, der Papst wohl.

—

Ist das mein wahres Gesicht? fragt sich der Papst, über eine Waschschüssel gebeugt. Es ist schwer, auf der bewegten Wasserfläche ein deutliches Bild zu erkennen, dennoch meint der Papst, er habe buschige Augenbrauen, lange Wimpern und blaue Augen. Der Papst schöpft Wasser mit den Händen und schüttet es sich ins Gesicht. Als die Wasserfläche sich beruhigt, und er wieder draufschaut, ist er überzeugt, seine Augen seien schwarz.

—

Der Papst geht im Hof spazieren. Der Hof ist von einer hohen Mauer umgeben. Jedesmal wenn er sich der Mauer nähert, spitzt der Papst die Ohren. Aber nichts ist zu hören. Von der anderen Seite dringt kein Ton herüber. Vielleicht gibt es dort nichts, denkt der Papst, vielleicht bin ich allein auf der Welt? Hinter seinem Rücken fallen Äpfel und Birnen von den Bäumen, die reifen Früchte plumpsen auf den gemähten Rasen. »He«, ruft der Papst, »ist dort jemand?« Stille, Stille, nichts als Stille.

—

Einmal während der Predigt, mitten in der feierlichsten Stimmung, als der Papst gerade den Finger hebt, um seinem nächsten Satz Nachdruck zu verleihen, steht einer der Gläubigen auf und fragt mit deutlicher Stimme: »Wie kann der Papst die Wahrheit über die Familie wissen? Wer hat Frauen und Kinder, er oder wir?« Da die Frage nicht an ihn direkt gerichtet ist, blickt der Papst – so wie alle anderen – um sich, aber keiner schickt sich an zu antworten. Vielleicht könnte ich irgendeine Antwort darauf geben, denkt der Papst, aber dann bemerkt er seinen erhobenen Zeigefinger. Noch nie hat er seinen Zeigefinger in einem solchen Licht gesehen! Das ist ein Fingerzeig Gottes, denkt der Papst. Erwartungsvoll reckt er den Hals und schaut hoch zur Kuppel. Dort ist es dunkel, schrecklich dunkel, und der Papst fürchtet sich vor der Dunkelheit. Er führt seinen Zeigefinger ganz vorsichtig zum Gesicht, als trüge er eine Fackel, und fällt in Ohnmacht.

—

Der Papst ist überzeugt, das Leben habe keinen Anfang und kein Ende, es ändere lediglich seine Gestalt: heute sind wir das eine, morgen etwas anderes. Der Papst kann natürlich nicht erklären, wie und warum die Zahl der Menschen wächst. Wird vielleicht die immer gleiche Summe der Leben auf eine immer größere Anzahl von menschlichen Individuen verteilt? Oder werden die Menschen deshalb zahlreicher, weil sie gewisse Tierarten ausrotten? Vielleicht war ich einmal ein Dodó?, denkt der Papst. Er sieht sich auf einer Inselgruppe im Indischen Ozean und spanische oder holländische Eroberer, die lächelnd und mit gezogenem Schwert auf ihn zukommen. Kommt mir nicht zu nahe, warnt er sie, ich bin der Papst! Aber der Spanier ist schnell und erfahren: er weiß so gut wie der Holländer, daß der Dodó ein dummer und schwacher Vogel ist, grenzenlos naiv und zutraulich. Komm, Dodó, komm, singen die Eroberer. Und dann: der Blitz eines Schwerts, Geruch von Blut, eine warme Suppe, gebratene Schlegel, die nutzlosen Innereien hinter die Palisaden geworfen, nicht einmal die Hunde wollen daran schnuppern.

—

Der Papst kniet und unterhält sich mit einem sechsjährigen Jungen. Sie befinden sich im Waisenhaus der Heiligen Katharina oder Isabella oder Domenica oder Genoveva. So viele reine Frauen, denkt der Papst, in dieser schrecklichsten aller Welten – das ist ja unglaublich! Er macht den letzten mühsamen Versuch, den kleinen Jungen zum Sprechen zu bewegen, aber der bleibt stur. Der Papst weiß, was nun folgt: der Junge bricht entweder in Tränen aus oder streckt ihm die Zunge raus. Eine niedliche, glatte, rosige kleine Zunge! Dem Papst wäre natürlich die kleine Zunge lieber, aber mit diesen Bengeln weiß man ja nie, woran man ist. Der Papst steht auf, stützt sich leicht auf die Schulter des Jungen (sie ist so klein, so zerbrechlich) und nützt die Gelegenheit, ihm unbemerkt eine Kopfnuß hinter das errötete Ohr zu geben. Diesen Trick hat der Papst schon in seiner Jugend auf den Straßen von W. und B. gelernt, bevor man ihn ins Priesterseminar steckte. Als er ein paar Schritte entfernt ist und einen Kinderschrei hört (der ihn wehmütig an die Inquisition denken läßt), dreht sich der Papst um und breitet bedauernd die Arme aus. Inzwischen versucht eine der drallen Nonnen den kleinen Jungen mit den Worten zu trösten: »Weine nicht, mein Junge, der Papst kommt bestimmt wieder.«

—

Bin ich ein guter Mensch? überlegt der Papst. Er sitzt in einem großen, leeren Zimmer, in dem alle Geräusche seltsam verstärkt sind. Wenn er ein Bein bewegt und sein rheumatisches Knie knackt, kommt es ihm vor, als stürzten die Heiligen kopfüber von den Wänden. Vielleicht hängt das Gutsein mit der Unbeweglichkeit zusammen? Der Papst zieht an einer Seidenschnur: obwohl er nichts hört, weiß er, daß in der Tiefe des Vatikans ein Mechanismus in Gang gesetzt wurde, der im nächsten Augenblick in der Gestalt des jungen, stummen Mönchs mit dem Nachtgeschirr in der Hand sichtbar wird. »Das muß ein Fehler sein«, sagt der Papst, »ich hatte nach den Kardinälen gerufen, nicht nach dir.« Der Mönch zuckt mit den Achseln, lächelt, will sich zurückziehen. »Aber egal«, sagt der Papst, »komm her.« Der Mönch kommt näher, der Papst faßt seine Hand. »Sag mir«, sagt der Papst, »bin ich ein guter Mensch?« Der Mönch schaut ihn groß an, sucht nach dem richtigen Gesichtsausdruck, öffnet den Mund. Der Papst sieht zuerst den Zungenstummel, der merkwürdig dick und knorrig ist, dann hört er einen Laut, der alle Laute in sich vereint. Da stürzen die Mauern ein.

—

Der Papst sitzt an einem Brunnen. Er friert, aber keiner kommt auf den Gedanken, ihm einen Umhang zu bringen. Ich werde mich hier erkälten, denkt der Papst, und vielleicht sterben. Noch immer bringt man ihm keinen Umhang. Bald kommt der Regen, dann der Frost und der Schnee. Wasser habe ich hier genug, denkt der Papst und lehnt die Stirn an die steinerne Umrandung. »Hast du kein Feuer, so benutze das Eis«, lautete ein Sprichwort, das er vor langer Zeit in der geheimen Abteilung der Vatikanischen Bibliothek gelesen hat. Ein anderes Sprichwort besagte: »Du kannst nicht zurückkommen, wenn du vorher nicht weggegangen bist.« Das eine stammt aus Island, das andere aus Polynesien. Die Welt ist so groß, denkt der Papst, während sich das Muster des Steins in seine zarte Stirn prägt. Wenn mich jemand aus einer sehr großen Höhe sähe, denkt er weiter, wäre ich nur ein winziger Fleck im unendlichen Garten Gottes: aber wer kann schon aus so großer Entfernung gucken? Kurz darauf fällt der erste Regentropfen auf seinen Nacken. Der Papst hebt den Kopf, um zu sehen, wie weit die Wolken gewandert sind (bringt ihm vielleicht doch jemand einen Regenschirm?), aber statt der Wolken sieht er am blauen Himmelszelt ein großes Auge.

—

Der Papst ist 99 Jahre alt. Seit langem hat er aufgehört zu essen, zu schlafen und Besucher zu empfangen. Unentwegt fixiert er einen Samtvorhang, hinter dem er Gott vermutet. Er weiß nicht, wie er darauf kommt, warum er den Samt mit Gott in Verbindung bringt: wer weiß, vielleicht wegen der eigentümlich rauhen Glätte dieses Gewebes? Der Papst würde am liebsten abwinken, aber er kann die Hand nicht bewegen. Er fixiert weiter den Samtvorhang und wünscht sich, daß irgendeine Bewegung in seine Falten kommt. Aber Gott schweigt, er zögert. Der Papst denkt an den schönsten Augenblick seines Lebens zurück: er, noch ein kleiner Junge, sitzt an einem kleinen Marmortisch in einer Konditorei und bekommt eine große Portion Eis. Als sich später der Vorhang tatsächlich bewegt, wundert der Papst sich nicht, statt Gott eine freundliche Kellnerin mit Lachgrübchen und kurzem Rock zu sehen. Oder sieht Gott vielleicht so aus? Aber das ist nicht mehr wichtig, weiß der Papst. Er schließt die Augen, streckt die Zunge heraus und empfängt die letzte Kommunion. Mit traumhaft leckerem Vanillegeschmack.

Kalter Kaffee

Janko Stošić träumte, er schlief mit seiner Frau. In diesem Traum tat sie alles, was sie in Wirklichkeit nie tun würde. Eigentlich, dachte Janko Stošić als er aufwachte, tat sie alles, was *er* in Wirklichkeit nie tun würde. Sein Glied war noch steif, sein Pyjama feucht, das Herz unruhig. Er hörte seine Frau in der Küche herumschlurfen, danach das Klirren der Kaffeetassen, das Geräusch kochenden Wassers. Janko versuchte wieder einzuschlafen, aber je fester er die Augen zudrückte, um so wacher wurde er. Schließlich stand er auf, zog sich an und ging in die Küche.
Oh, sagte seine Frau, als er sich an den Tisch setzte, was haben wir denn heute nacht Schönes geträumt?
Für einen Augenblick sah Janko sie so, wie sie ihm in seinem Traum erschienen war, dennoch antwortete er nicht. Er stand auf, ging zum Fenster und blickte hinaus. In einer Ecke des Hofes stand ein Pflaumenbaum. Auf der Mauer saß eine Katze. Auf dem Balkon gegenüber dösten zwei Gläser mit eingemachten Gurken vor sich hin. Quer über den Himmel zog sich eine flauschige weiße Linie, die Spur eines Flugzeugs, und auf der Fensterscheibe direkt vor seinem Auge schimmerte ein kleiner Kreis, die Stelle, gegen die jemand, höchstwahrscheinlich er selbst, die Stirn oder vielleicht die Nase gedrückt hatte.
Wenn du schon nicht mit mir reden willst, sagte seine Frau, wozu kommst du dann überhaupt in die Küche?
Das wüßte ich auch gern, dachte Janko bei sich, sagte aber immer noch nichts. Mit dem Zeigefinger verschmierte er den kleinen Kreis auf der Fensterscheibe, dann kehrte er an den Tisch zurück. Er sah zu, wie seine Frau den Kaffee aufgoß,

wie sie den Arm ausstreckte, um die Kaffeetasse zu nehmen oder die Untertasse zu sich heranzuziehen. Einst tat sie das im Unterrock oder in der Unterwäsche, jetzt trug sie ein Hauskleid, das bis zum Boden reichte.

Du brauchst dich nicht zu wundern, sagte seine Frau, wenn ich dir eines Tages das alles an den Kopf schmeiße.

Sie stand am Tisch, die vollen Tassen in den Händen, und schaute ihm in die Augen. Ihre Hände zitterten, und an der Außenseite der Tassen glitten von Zeit zu Zeit dunkle Tropfen herunter. Als erstes versuchte Janko, sich seine Schmerzen vorzustellen, dann sah er sich mit Brandblasen im Gesicht und am Hals und mit der sich schälenden Haut. In diesem Bild fehlten die Tassen, sie waren wohl vom Tisch gerollt und lagen in Scherben unter dem Stuhl.

Seine Frau hatte sich nicht von der Stelle gerührt. Dann stellte sie langsam die Kaffeetassen ab und setzte sich Janko gegenüber. Sie versuchte, ihr Haar zu ordnen, aber die widerspenstigen Strähnen fielen ihr immer wieder in die Stirn. Sie hob die rechte Hand und zog das Hauskleid am Hals zusammen, legte das Kinn auf die ineinander verschränkten Finger, fuhr sich mit der Zunge über die Lippen.

Vielleicht kann jemand auch durch Schweigen kommunizieren, sagte sie, ich nicht.

Janko schwieg. Er hob die Tasse an die Lippen, und als er sie auf die nasse Untertasse zurückstellen wollte, sah er auf der Tischplatte einige Tropfen.

Ich kann nicht einmal mehr weinen, sagte seine Frau.

Janko zog eine unsichtbare Linie zwischen zwei Tropfen, und die Flüssigkeit begann sich langsam zu bewegen, als ertaste und prüfe sie den Raum vor sich.

Dabei wäre mir leichter, wenn ich es könnte, sagte seine Frau. Ganz bestimmt.

Vor langer Zeit, vielleicht im Gymnasium, hatte Janko die Naturgesetze gelernt, die die Bewegung und die Form der Flüssigkeit, die Größe der Tropfen und ihre Haftung an der

Unterlage bestimmen. Obwohl er all das vergessen hat, ist die Welt dieselbe geblieben, dachte er. Ob klar oder unklar, die Welt ist mehr als das Wissen über sie. Gleichgültig, ob man viel über sie erfährt oder das Gelernte vergißt, sie bleibt so, wie sie ist.
Und weißt du, warum? – fragte seine Frau.
Janko schloß die Augen. In der Dunkelheit hinter den Lidern konnte er sehen, wie sich die Welt rollend von ihm entfernte, immer weiter und immer schneller, bis von ihr nichts mehr übrig blieb.
Weil, sagte seine Frau, auch Schluchzen Reden ist.
Janko öffnete die Augen wieder. Er bemerkte im linken Augenwinkel seiner Frau eine Träne. Früher einmal, als sie weinte, wartete er darauf, daß die Tränen ihre Wangen herunterrollten, um sie mit seiner Zungenspitze aufzufangen. Sie waren etwas salzig, aber als er versuchte, ihren Geschmack zu beschreiben, gelang ihm das nicht. Damals hörte seine Frau schließlich auf zu weinen und berührte mit ihrer Zungenspitze seine Zungenspitze, zog ihn an sich heran und in sich hinein, ohne die geringste Mühe, als hätte sie es mit einem vom Spielen müden Kind zu tun.
Die Frau wartete. Sie schaute ihn nicht an, sie zuckte nicht mit der Wimper, rührte sich nicht, vielleicht atmete sie nicht einmal. Sie wartete nur. Dann wischte sie sich mit dem kleinen Finger der linken Hand die Träne aus dem Augenwinkel, stand auf, nahm die Tasse und stellte sie in die Spüle, füllte die Kaffeekanne mit Wasser und verließ die Küche. Man hörte sie in der Wohnung herumlaufen, ins Schlafzimmer gehen und Sachen aus dem Schrank holen, das Bad betreten, die Tür hinter sich zuschlagen und Wasser in die Badewanne laufen lassen. Dann nichts mehr.
Janko wischte langsam, mit der bloßen Hand die Kaffeespuren vom Tisch. Seine Tasse war noch nicht leer. Er hob sie und sah, wie sich von ihr ein neuer Tropfen löste. Der Tropfen schlug auf die glatte Tischplatte, erzitterte, kam dann zur

Ruhe. Janko beugte sich vor und berührte ihn mit seiner Zungenspitze. Er war kalt. Und etwas salzig.

Worte sind etwas anderes

Gut, sagte das Mädchen, wie du meinst.
Sie preßte den Hörer fester ans Ohr, vernahm aber nichts. Einen Augenblick lang dachte sie, dies alles passiere jemand anderem. Gleich darauf bemerkte sie beinahe erschrocken eine Schweißperle an ihrer Augenbraue. Hinter ihrem Rücken stand ein Kaktus, den sie schon vierzehn Jahre lang pflegte.
Hallo? sagte eine Männerstimme.
Ja, sagte das Mädchen, ich bin noch da.
Der Hörer in der unbekannten Wohnung fiel auf die Gabel.
Das Mädchen sah den Hörer in ihrer Hand an, wischte sich dann mit dem Rücken derselben Hand den Schweiß von der Stirn. Das runde Bakelit huschte an ihrem Gesicht vorbei wie ein Unbekannter durch eine dunkle Straße.

Sie ging in die Küche. Die Mutter saß am Fenster und strickte. Das Transistorradio war nicht eingeschaltet, und da sie damit gerechnet hatte, Musik zu hören, fühlte sie sich betrogen.
Die Mutter sagte: Bald ist die Mütze fertig.
Das Mädchen kam auf sie zu, schaute auf ihre Finger. Für wen soll sie sein? fragte sie.
Für niemanden, antwortete die Mutter.
Im Hof, unter einer Trauerweide, standen zwei Mülltonnen.
Er hat mich verlassen, sagte das Mädchen. Gerade haben wir miteinander gesprochen.
Die Mutter nahm die Arme hoch, als wolle sie sich die Mütze aufsetzen. Sie sagte: So etwas kommt immer vor.
Das Mädchen ging auf eine Ecke der Küche zu. Sie war schnell, und es kam ihr vor, als könne sie nicht mehr anhalten.

Außerdem, sagte die Mutter, wenn es dazu gekommen ist, dann mußte es so kommen.
Das Mädchen drehte sich um. Sie glaubte zu fallen, hatte aber lediglich mit der Hand den Kühlschrank berührt. Es gefällt mir nicht, sagte sie, wie er mir das gesagt hat.
Wie hat er es dir gesagt? fragte die Mutter.
In zwei Sätzen, antwortete das Mädchen.
Er hätte es auch in einem tun können, sagte die Mutter.
Das Mädchen legte den Finger auf einen der Buchstaben an der Kühlschranktür. Sie wußte nicht, welcher Buchstabe das war, es wäre ihr lieber gewesen, sie hätte eine Zahl ertastet. Vielleicht die Vier. Oder die Fünf.
Er hätte dir auch nichts sagen können, sagte die Mutter. Sie hielt die Mütze wieder hoch und betrachtete sie gegen das Licht.
Du bist boshaft, sagte das Mädchen.
Die Mutter bewegte die Lippen, sagte aber nichts. Sie legte die Mütze wieder auf ihren Schoß und begann, in einem Körbchen mit Wollresten zu suchen.
Für wen strickst du die Mütze? fragte das Mädchen.
Ich habe es dir schon gesagt, sagte die Mutter. Für niemanden.
Manchmal, sagte das Mädchen und drückte die Handfläche gegen die Metallkante, manchmal möchte ich tot sein. Manchmal wünsche ich, ich wäre nie geboren worden. Es wäre besser, ich lebte wie eine Blindschleiche in ewiger Dunkelheit, als … Sie hielt inne; ihr fiel nichts mehr ein.
Die Mutter hob einige Wollknäuel hoch. In welcher Farbe, fragte sie, soll ich den Bommel machen?
Das Mädchen ging mit dem gleichen schnellen Schritt auf sie zu. Als sie stehenblieb, lief ein Teil von ihr weiter. Sie sah, wie ein graumelierter Mann sich den Mülltonnen näherte und Abfälle hineinschmiß. Sie strich mit dem Zeigefinger über alle Wollknäuel. Der Mann entfernte sich rückwärts von den Mülltonnen, dann ging er wieder auf sie zu und schloß den

Deckel fester. Nimm diese, sagte das Mädchen, aber als sie sich umdrehte, hatte die Mutter die Küche bereits verlassen.

Da ist noch etwas, was ich dir nicht gesagt habe, sagte das Mädchen, als die Mutter zurückkam. Es stand noch immer neben dem Fenster, die linke Hand um den Hals gelegt, mit der rechten hielt es den Ellbogen des linken Arms.
Dann sag es mir lieber gar nicht, sagte die Mutter. Sie hielt den fertigen Bommel an die Nase und schnupperte daran. Sie sagte: Diese Wolle riecht nach Tabak. Dann sah sie das Mädchen lang an. Keine Worte werden ihn dir zurückbringen, sagte sie, deshalb möchte ich keine Worte hören. Erzähl mir etwas anderes.
Das Mädchen schüttelte den Kopf. Es geht nicht darum, wollte sie sagen.
Die Stille ist stärker als jedes Wort, sagte die Mutter.
Es geht nicht darum, sagte das Mädchen.
Wenn du eine Mütze strickst, fuhr die Mutter fort, mußt du auf ihre Spitze einen Bommel setzen. Eine Wollmütze ohne Bommel ist wie eine Schirmmütze ohne Schirm.
Was bist du, fragte das Mädchen, ein chinesischer Weiser?
Ich stricke Mützen, antwortete die Mutter, und was machst du?
Das Mädchen zog die Nase hoch. Sie schürzte die Lippen und berührte mit der Zunge ein Loch im Zahn, das von Tag zu Tag größer wurde.
Wenn dich einer verläßt, sagte die Mutter, dann nähst du einen Bommel an die Mütze, und Schluß. Du taumelst nicht auf dem Balkon hin und her wie eine gerupfte Taube.
Das Mädchen sagte: Ich verstehe. Es drehte sich um und betrachtete die Stelle unter der Trauerweide. Alles ist ganz einfach, sagte die Mutter. Schau her!
Das Mädchen drehte sich um. Es hörte ein Knirschen in ihrem Inneren, im Hals, in den Sehnen, und dachte: Eines Tages wird mir so der Kopf abfallen.

Die Mutter hielt eine Nadel in der Hand. Alles ist ganz einfach, wiederholte sie. Sie sagte: Wenn du Blut willst, dann nimmst du es. Sie stach sich kurz in den Zeigefinger. Dann drückte sie mit dem Daumen die Fingerkuppe. Ein roter Tropfen trat heraus.
Das Mädchen schaute der Mutter in die Augen.
Wenn du kein Blut willst, sagte die Mutter, dann machst du es weg. Sie steckte den Zeigefinger in den Mund und saugte. Als sie ihn herausnahm, war kein Blut mehr da.
Du hast mich nicht verstanden, sagte das Mädchen, du hast mich überhaupt nicht verstanden. Aber sie wußte, daß es zu spät war.

Als sie die Küche verließ, spürte sie, daß ihr die Knie zitterten. Sie blieb vor einem Gobelin stehen, auf dem eine idyllische Landschaft zu sehen war. Die große Wanduhr hinter ihr wiederholte die eigenen schwachsinnigen Worte. Das Mädchen setzte sich wieder in Bewegung, aber erst, als sie merkte, daß sie stand. Sie ging ins Bad und benetzte die Finger unter dem Wasserhahn, aus dem es ununterbrochen tropfte. Sie betrachtete sich im Spiegel. Sie trat zu einer Blumenbank und wischte Staub von einigen breiten Blättern. Sie betrachtete sich wieder im Spiegel. Sie wollte es noch einmal tun, aber da war sie schon in ihrem Zimmer. Sie setzte sich auf die Kante des Sofas. Wenn ich zwischen Rock und Hose zu wählen hätte, dachte sie, würde ich mich für die Hose entscheiden. Sie trug einen Rock. Der ist gut, wenn draußen Sommer oder Frühling oder vielleicht Herbst ist. Aber im Winter? Gut, daß ich nicht weiß, welche Jahreszeit wir jetzt haben, sagte sie zu sich selbst. Ruhig geworden, hörte sie, wie der Rahmen des Sofas stöhnte. Sie sah durch das Fenster auch ein Stück Himmel. Das Fenster war klein und schwer zu öffnen. Früher, vor langer Zeit, hatte das Mädchen Angst zu ersticken; später hatte sie Angst, krank zu werden, wenn das Fenster nicht geschlossen blieb. Jetzt war es ihr egal. Sie schlug die Beine übereinander und sah ihr Knie. Sie dachte an den kleinen Spiegel in ihrer Handtasche, die nicht zu weit entfernt, die zum Greifen nah war, aber über die Entfernung wollte sie sich keine Gedanken machen. Sie berührte ihr Knie zunächst mit der einen, dann mit der anderen Hand. Sie wollte an nichts denken, dabei dachte sie ständig daran, daß sie an nichts denken wollte. Sie stand auf. Sie setzte sich. Ein Teil ihres Gesichts spiegelte sich in einer polierten Fläche. Recht hat sie, dachte sie, Worte werden ihn nicht zurückbringen. Worte sind etwas anderes.

Meine Frau hat helle Augen

Das ist eine einfache Erzählung, denke ich, in ihr wird es keine komplizierten Sätze geben.
Das ist doch lächerlich, sagt meine Frau, schon dieser Satz ist kompliziert genug.
Ich drehe mich um, sehe sie an. Ich sehe sie an wie noch nie bisher, sie weiß es aber nicht. Kannst du, sage ich, etwa Gedanken lesen?
Meine Frau beantwortet die Frage nicht. Das ist einer ihrer Kniffe. Dafür sagt sie etwas anderes: Wenn du den Leser schon im ersten Satz belügst, wie kannst du erwarten, daß er dir den zweiten Satz glaubt?
Ich schaue auf das leere Blatt Papier vor mir. Ich belüge ihn nicht, sage ich, ich habe ja noch nichts geschrieben.
Aber gedacht hast du es, sagt meine Frau.
Das kommt mir vor wie der Auftakt zu den zermürbenden Ehestreitigkeiten in den Erzählungen und Romanen von John Updike. Dafür habe ich keine Zeit. Deshalb komme ich gleich zur Sache. Nach dir, sage ich zu meiner Frau, als sei sie ein Evangelist, nach dir, wiederhole ich des inneren Rhythmus wegen, muß Prosa wahrhaftig sein.
Ist das eine Frage oder eine Behauptung? fragt meine Frau.
Eine Frage.
Ich behaupte das, sagt sie.
In diesem Falle, sage ich, müßte ich, wenn ich dich beschreibe, sagen, »ihre Brustwarzen sitzen nicht gleich hoch«, oder: »die faltige Haut ihres Halses«, oder: »dünne, von Krampfadern überzogene Beine«.
Na und? – sagt meine Frau.

Sie hat eine sagenhafte Ruhe weg. Dagegen kommt man nicht an.
Würde es dich nicht stören, frage ich, wenn die Leute die Wahrheit über dich erführen?
Nein, sagt sie, weil sie ohnehin nicht glauben, daß das, was sie lesen, wahr ist.
Das ist nun doch zuviel! Ich stehe auf, um nutzlose Erklärungen zu vermeiden, kann aber nicht umhin, ihr zu sagen, daß sie übertreibt. Zuerst heißt es, ich müsse die Wahrheit schreiben, damit man mir glaubt, schreie ich, und dann kommt heraus, daß es den Leuten egal ist, was sie lesen, weil sie es doch nicht glauben! Wieso denn!? Wie erklärst du das?
Meine Frau zuckt nicht mit der Wimper. Sie hat eine sagenhafte Ruhe weg usw. Sie sagt: Es geht um zwei verschiedene Arten von Glauben. Und warum brüllst du eigentlich? Der Schriftsteller hat die Pflicht, den Leser von der Wahrhaftigkeit seiner Absichten zu überzeugen, aber der Leser glaubt dennoch nicht, er kann nicht an die Wirklichkeit der Fiktion glauben. Eine Fiktion ist eine Fiktion, weiter nichts, oder?
Was soll das jetzt, sage ich, wo hast du das gelesen, etwa bei Škreb?
Jetzt bin ich wirklich sauer und durstig dazu. Ich würde gern in die Küche gehen und ein Glas Wasser trinken, fürchte aber, etwas zu verpassen.
Du verpaßt nichts, sagt meine Frau und schiebt einen heruntergerutschten Träger hoch. Der Träger rutscht immer herunter, wenn sie es will, eine raffinierte Art, die Aufmerksamkeit wieder auf sich zu ziehen, sie wie durch einen Trichter auf die Rundung ihrer Schulter zu lenken.
Auf das Muttermal auf meiner Schulter, sagt meine Frau, das viele schon geküßt haben.
Gut, sage ich, auf das Muttermal auf deiner Schulter, aber wie kommt es, daß du jeden meiner Gedanken kennst? Wer ist hier der Held in wessen Geschichte? Oder bist du, schreie ich, eine Hexe?

Rede keinen Stuß, sagt meine Frau.
Das ist ein weiterer ihrer Kniffe: die Gabe, die Situation zu beherrschen, das passende Wort zu finden, den L'art-pour-l'artismus in jeglicher Form zu unterbinden.
Hör mal, sage ich versöhnlich, es ist noch nicht zu spät, wir können uns einigen, wir können bestimmen, wo jeder von uns steht, wir können genau festlegen, wie alles beginnt und wie es endet …
Wenn es etwas gibt, was ich in meinem Leben nicht haben will, sagt meine Frau, dann ist das Gewißheit.
Aber ich rede nicht vom Leben, sage ich.
Meine Frau schüttelt den Kopf. Wenn du die Literatur meinst, sagt sie, dann bist du erst recht auf dem Holzweg. Die Gewißheit ist der Tod der Literatur.
Ich bleibe stehen, eigentlich setze ich zu einem Schritt an, denn vorhin sagte ich, daß ich stehe, bleibe aber gleich wieder stehen. Hat meine Frau vielleicht doch recht? (Sie wird behaupten, daß sie immer recht hat, aber das will ich nicht aufschreiben.) Vielleicht ist die Gewißheit buchstäblich »der Tod der Literatur«. Ich setze wieder zu einem Schritt an, weiß aber nicht, ob ich in die Küche will, um das oben erwähnte Glas Wasser zu trinken, oder zu meinem Schreibtisch, an dem ich saß, bevor meine Frau anfing, meine Gedanken zu lesen.
Alles in allem, sagt meine Frau und greift zu ihrem Strickzeug, ist das Schreiben vergebliche Liebesmühe. Was wolltest du eigentlich schreiben?
Oh, sage ich, etwas ganz Einfaches.
Zum Beispiel?
Zum Beispiel: über eine Frau, die in einem Herbst nach vier, nein, nach sechs Ehejahren ihre Jugendliebe, einen sentimentalen, verbrauchten Studienrat, trifft, die ihren Mann und ihr Kind, einen fünfjährigen Jungen, oder vielleicht auch ein Mädchen, verläßt und mit dem Studienrat weggeht. Das Ende spielt sich auf einer staubigen Straße ab. Auf einer Sei-

te stehen der Ehemann und das Kind, auf der anderen wartet der Studienrat, die Frau berührt die Wange ihres Ehemanns, geht vor dem Kind in die Hocke, das Kind zwinkert, dann geht sie weg, zunächst langsam, fast taumelnd, danach rennt sie immer schneller und schneller zu dem Studienrat, der sie mit offenen Armen empfängt. Da sagt das Kind: Wo bringt der Onkel die Mama hin?, aber der Ehemann kann nicht antworten, weil er sonst in Tränen ausbrechen würde. In diesem Augenblick fällt von einem Baum das erste Blatt.
Grauenhaft, sagt meine Frau, wie konntest du dir *das* ausdenken?
Was wieder einer ihrer Kniffe ist: Fragen zu stellen, auf die man nicht antworten muß.
Tja, sagt sie und nimmt neue Wolle, aber das ist doch eine Häkelnadel, meine Frau häkelt, ihre Finger folgen einem neuen Muster. Sag mir, sagt sie, für wen schreibst du das?
Für »Das literarische Wort«, sage ich.
Sie schaut mich überrascht an, was bei meiner Frau selten vorkommt. Ihr Haar ist übrigens braun, ihre Augen hell, ihre Knie berühren manchmal einander beim Gehen als Folge einer Krankheit in ihrer Kindheit. Das werden sie dir nicht abnehmen, sagt sie schließlich.
Jetzt bin ich wirklich wütend. Es reicht nicht, daß du eine Hexe und eine Xanthippe bist, schreie ich, jetzt möchtest du auch noch ein Literaturkritiker sein!
Warum nicht? sagt sie.
Ich schreie weiter: Es fehlt nicht viel, und du bestimmst, was für Erzählungen ich zu schreiben habe. Ist es das, was du willst?
Sie nimmt ihre Stickereiarbeit, breitet das Leinen aus, darauf ist ein klassisches häusliches Bild zu erkennen: eine Frau mit einem schwingenden (etwas zu kurzen) Rock rührt in einem großen Topf. Aus dem Topf steigt Dampf hoch, auf dem Gesicht der Frau sieht man ein erstarrtes Lächeln, der Zeigefinger ihrer freien Hand ist warnend erhoben.

Was ist das, brülle ich, soll das eine Botschaft sein?
Es gibt keine Botschaften, sagt meine Frau ruhig, es gibt nur Menschen, die an Botschaften glauben.
Das ist mir nie eingefallen. Vielleicht ist etwas Wahres dran? Ich spüre, wie ich ruhiger werde. Ich möchte mich hinsetzen, weiß aber nicht, ob ich in dieser Geschichte stehe.
Willst du *meine* Erzählung hören? fragt meine Frau.
Ja, sage ich, ich will.
Es geht, sagt sie, um einen Mann mittleren Alters von gewöhnlichem Aussehen. Eines Tages, als er auf die Straße tritt – er geht vielleicht zur Arbeit, ich weiß nicht, inwieweit das wichtig ist –, aber an diesem Tag, als er, sagen wir, zum Zebrastreifen kommt, begreift er, daß alles so ist, wie es ist. Alles ist so, wie es schon immer war und wie es immer sein wird. Nichts ändert sich, beziehungsweise wenn sich etwas ändert, wird es in demselben Augenblick so, wie es ist. Deshalb geht der Mann nicht zur Arbeit, falls er zur Arbeit wollte, ich meine, er geht nicht dorthin, wohin er wollte, und irgendwohin wollte er doch, sondern er kehrt nach Hause zurück. Als er die Tür aufschließt und das Zimmer betritt, zunächst die Diele und dann das Zimmer, erkennt er, daß auch da alles so ist, wie es ist, und daß er durch einen Sumpf von Unveränderlichkeit watet. Er setzt sich in einen Sessel, betrachtet einen Fleck an der Zimmerdecke, dann hört er die Türklingel. Jemand klingelt an seiner Tür. Er steht auf, geht zur Tür und fragt, wer da sei. Niemand antwortet, aber einen Augenblick später klingelt es wieder. Der Mann wiederholt die Frage, bekommt jedoch wieder keine Antwort. Er macht die Tür auf. Der Korridor ist leer. Der Mann geht zum Treppengeländer und schaut hinunter, aber da schlägt infolge des Durchzugs seine Wohnungstür zu. Er steht auf dem Korridor ohne Schlüssel, allein, geht zur Tür, lauscht, hebt den Arm und klingelt.
Und?
Und nichts, sagt meine Frau. Das ist das Ende der Geschichte.

Und du meinst, das würde ihnen gefallen?
Ja.
Diese letzte Szene hat in der Tat ein gewisses Etwas: der Mann im Korridor klingelt, obwohl niemand in seiner Wohnung ist. Ich erkenne den Wert dieser Szene, sage es aber nicht.
Meine Frau sieht mich an. Ihre Augen sind hell und groß, aber wenn sie zum Höhepunkt kommt, zittern ihre Lider, die Augen sind verdreht, und ich sehe nur das Weiße darin, das Weiß blitzt dann zwischen den flatternden Wimpern.
Sag etwas, sagt meine Frau.
Wäre ich dieser Mann, sage ich, und ich hätte mich ausgesperrt, und du säßest drinnen, hier, wo du jetzt sitzt, und ich klingelte, würdest du mir dann öffnen?
Sie faltet das Leinen mit der Stickerei zusammen. Ich habe solche Bewegungen bei ihr schon beobachtet, das letzte Mal, als ich eine Erzählung für die »Politika« schrieb, aber auch davor: zum Beispiel im Frühjahr, als ich ihr einige Dinge gestand.
Ich möchte die Frage wiederholen, aber diese Masche wurde schon so oft in der Literatur und im Film benutzt, daß ich mich lieber für das Schweigen entscheide.
Keine Stille kann uns indes vor der Wahrheit retten, denn wir alle kennen die Antwort, und zwar seit langem.
Nein, sagt meine Frau, das würde ich nicht.

Die Seele

Ja, sagt Olivera, aber was ist die Seele?
Wir sehen uns an. Eine so schwierige Frage haben wir nicht erwartet.
Die Seele ist ein ganz gewöhnlicher Köttel, sagt Vladimir schließlich. Vladimir ist betrunken.
Du Schwein, faucht Olivera.
Die Köttel sind aber vom Schaf, sagt Vladimir und lacht.
Egal ob Schwein oder Schaf, meint Olivera, der Köttel bist du.
Vladimir hört auf zu lachen. Das bedeutet zumindest, sagt er, daß ich eine Seele habe.
Eine stinkende, sagt Olivera.
Eine runde, sagt Vladimir.
Das ist ein und dasselbe, sagt Vladislava, nur eure Blickwinkel sind verschieden. Vladislava liebt es zu schlichten. Am glücklichsten sei sie, sagte sie einmal, wenn es ihr gelinge, daß sich zerstrittene Parteien, gelegentlich unter Tränen, in die Arme nehmen.
Gut, sagt Vladimir, ich möchte aber wissen, wer sonst hier eine Seele hat.
Wir sehen uns an. Wenn das so weitergeht, werden wir nie eine Antwort bekommen.
Mir ist nicht klar, sagt schließlich Aleksandar, wie man zwischen den Gestank und die Form ein Gleichheitszeichen setzen kann. Im Ernst, es wäre nett, wenn mir das jemand erklärte.
Man muß nicht für alles eine Erklärung haben, sagt Vesna. Einige Dinge sind halt so, wie sie sind, das ist alles.
Das ist nichts, sagt Aleksandar.

Alles und nichts, sagt Vladislava, sind nur verschiedene Bezeichnungen für ein und dasselbe. Wer alles hat, hat im Grunde nichts.
Und der Köttel, fragt Vladimir, wozu gehört der Köttel?
Du gehst einem auf den Geist, sagt Milica, ständig dieselbe Leier, wie eine zerkratzte Schallplatte. Milica spricht selten, einen so langen Satz hat sie seit dem vergangenen Sommer nicht mehr zustande gebracht. Damals waren wir am Donaustrand, und sie redete, während sie unsere Rücken mit Sonnencreme einrieb, von der Schädlichkeit der ultravioletten Strahlen.
Ich habe mir immer vorgestellt, sagt Olivera, daß die Seele aus Licht besteht, aber neulich las ich irgendwo, daß die Seele eigentlich ein Klumpen Finsternis ist.
Unsinn, ruft Aleksandar. Ich möchte wissen, wo du das gelesen hast. In allen Religionen, fügt er hinzu, ist die Seele entweder der Quell oder der Hort göttlichen Glanzes. Die Seele und die Finsternis bilden einen krassen Gegensatz.
Ich weiß es nicht, sagt Olivera, vielleicht habe ich es im Radio gehört.
Ich höre kein Radio mehr, sagt Miroslav. Ich sehe auch nicht fern und lese keine Zeitungen.
Was tust du dann? – fragt Vesna.
Nichts, sagt Miroslav. Ich tue nichts.
Er sitzt da und glotzt ins Leere, sagt Vladimir. Genau wie ich.
Nein, sagt Miroslav, ich glotze ins Volle.
Vladimir zuckt zusammen. Er fragt: Willst du mich verarschen?
Wir sehen uns an. Vielleicht gehen wir doch früher nach Hause, als wir dachten.
Vladislava jedoch wird hellhörig. Sie sieht ihre Stunde gekommen. Während sie so tut, als betrachte sie etwas auf einem gestickten Kissen, verfolgt sie aus den Augenwinkeln jede Bewegung.
Da wendet sich Vladimir zu ihr. Und du hältst die Klappe,

sagt er. Ich will kein Wort von dir hören, vor allem nicht davon, daß es zwischen der Leere und der Völle keinen Unterschied gibt.
Den gibt es auch nicht, sagt Vladislava dennoch.
Vladimir schließt die Augen. Gleich muß ich kotzen, sagt er.
Untersteh dich, meinen Teppich zu versauen, sagt Vesna. Sonst erlebst du was.
Mir tut manchmal wirklich die Seele weh, meldet sich plötzlich Marko aus dem Sessel in der Ecke.
Wir sehen uns an. Gleich nachdem er gekommen war, hatte sich Marko dorthin gesetzt, hatte sich in den Schatten verkrochen, und wir hatten ihn völlig vergessen, womit nur bestätigt wird, wie schnell etwas aus dem Blickfeld verschwindet und wie leicht die Aufmerksamkeit nachläßt. Vielleicht war es doch übereilt, an einen früheren Aufbruch zu denken.
Wo tut sie dir weh? – fragt schließlich Aleksandar.
Ungefähr hier, antwortet Marko. Ohne aufzustehen, hebt er die Hand bis in Schulterhöhe und fährt mit den Fingern durch die Luft, als berühre er etwas.
Wenn es so ist, dann befindet sich deine Seele nicht in deinem Körper, sagt Olivera.
Ich weiß nicht, wo sie sich befindet, sagt Marko, aber ich weiß, wo es weh tut.
Und wenn es weh tut, fragt Vladislava, an was erinnert das?
An nichts, sagt Marko, es tut nur weh. Schmerz ist Schmerz, egal woher er kommt.
Vladimir steht auf. Ich habe bereits gesagt, an was die Seele erinnert, verkündet er, aber keiner will mir glauben. Keiner will auf mich hören. Er verneigt sich und setzt sich wieder. Dann steht er erneut auf. Das bedeutet nur, sagt er, daß keiner von euch eine Seele besitzt. Außer mir natürlich, fügt er hinzu und bleibt stehen.
Wir sind wieder am Anfang, sagt Olivera.
Wir sind nie über den Anfang hinausgekommen, sagt Aleksandar.

Milica setzt an, etwas zu sagen, winkt dann aber ab.
Vor langer Zeit, sagt Vesna, las ich eine Erzählung, in der sich die Seelen in Nachtfalter verwandelten.
Und wenn jemand am Tag stirbt, fragt Olivera, was passiert dann?
Vesna zuckt mit den Achseln.
Wartet die Seele dann in ihm, fährt Olivera fort, bis sich die Nacht herabsenkt, oder verwandelt sie sich in einen Schmetterling?
Mir wäre jedenfalls lieber, ich würde zu einem Schwalbenschwanz als zu irgendeiner Motte, sagt Aleksandar.
Schmetterling oder Motte, sagt Vladislava, das ist dasselbe, nur daß die einen tagsüber und die anderen nachts fliegen. Am Ende werden die einen und die anderen auf Stecknadeln aufgespießt.
Das nennt man Gerechtigkeit, tönt Marko aus seiner Ecke.
Ich zeige dir, was Gerechtigkeit ist, sagt Vladimir und stürzt sich auf Marko, nur spieße ich dich auf etwas Dickeres als auf eine Stecknadel.
Wir sehen uns an. Einen solchen Ablauf der Dinge hatten wir uns nicht einmal im Traum vorgestellt. Vesna und Vladislava kreischen, packen Vladimir bei den Armen, zerren an seinem Pullover. Milica hat das Gesicht mit den Händen bedeckt und lugt jetzt durch die Finger. Aleksandar lacht unmotiviert. Marko versucht, sich von seinem Sessel zu erheben, schafft es aber nicht. Vladimir hat Vesnas Hände abgeschüttelt, Vladislava jedoch läßt nicht locker. Vesnas Gesicht ist ganz rot, das Aleksandars auch. Plötzlich erklingt Oliveras Stimme, doch man versteht nicht, was sie sagt. Milica schließt die Augen. Vladimir holt mit dem rechten Fuß aus. Marko springt über die Sessellehne und reißt den Vorhang mit sich. Die Vorhangstange poltert zu Boden und stößt einen Topf mit einer Azalee um. Erdklumpen rollen über den Teppich. Vesna flucht. Aleksandar ringt nach Luft. Vladislava läßt Vladimir schließlich los, dieser verliert das

Gleichgewicht und fällt auf den Rücken. Im Fall schreit er noch, schlägt dann voller Wucht mit dem Hinterkopf auf die Sessellehne und gibt keinen Ton mehr von sich. Alle erstarren, nur vereinzelt hört man einen Schrei oder ein Stöhnen, Hände legen sich auf die Münder. Vladimir liegt, er rührt sich nicht. Unter seinem Kopf breitet sich eine Blutlache aus. Milica öffnet langsam die Augen. Ist er tot? – fragt Olivera. Keiner antwortet. Etwas später sagt Aleksander: Ich sehe keinen Schmetterling. Vesna bückt sich, hält das linke Ohr an Vladimirs Brust, dort, wo das Herz ist. Dann legt sie den Finger auf die Lippen, und wir alle verstummen, als könne die Stille dort helfen, wo es keine Worte mehr gibt.

Schlechte Träume

Unser Haus ist voller schlechter Träume. Meine Frau hat schlechte Träume, unsere Kinder ebenfalls, sogar unser Hund springt nachts von seiner Decke auf und jault herzerweichend. Ich weiß nicht, woher diese Träume kommen, mir ist nicht klar, was sie bedeuten, ich weiß nur, lange werde ich ihnen nicht mehr widerstehen können. Abends, wenn wir alle erschöpft von den Träumen der letzten Nacht ins Bett fallen, bin ich der einzige, der nicht gleich einschläft. Ich liege auf dem Rücken, die Hände hinter dem Nacken verschränkt, und lausche. Das Haus kühlt ab, der Holzboden knackt, das Wasser rauscht in der Leitung, die Wanduhr zählt die Sekunden, die Treppe ächzt. Es sind die Träume, die sich da versammeln, dessen bin ich mir sicher. Bald wird Ivanka, unsere Tochter, mit einem Schrei jäh aufwachen und mit ihren Tränen die Jacke meines Schlafanzugs benetzen, während ich sie an mich drücke und zu trösten versuche. Zoran, unser Sohn, wacht dagegen langsam auf: zunächst entweicht seiner Kehle ein dumpfes Stöhnen, das immer langgezogener und kräftiger wird, bis er laut schreiend hochschreckt, mit den Armen umherfuchtelt und meinen Bemühungen, seinen Kopf auf das Kissen zurückzulegen und seine Arme wieder unter die Decke zu schieben, erbitterten Widerstand leistet. Währenddessen schläft meine Frau anscheinend ruhig, in Decken eingemummt, aber wenn ich mich ihr nähere, sehe ich, daß sich ihre Lippen von Zeit zu Zeit bewegen und daß ihre Augäpfel unter den zitternden Lidern in alle Richtungen rasen. Ein wenig später flüstert sie etwas, ein Wort oder nur einen Laut, dann sagt sie nach kürzerer Pause zwei, drei Worte, danach vielleicht einen ganzen Satz, dann einen zweiten und einen dritten, bis die Worte wie ein reißender Strom immer lauter und undeutlicher aus ihr herausquellen und schließlich in einen Schmerzensschrei münden, bei dem sie die Augen aufreißt und mir völlig verständnislos ins Gesicht starrt, das sich direkt über ihr befindet. Wenn sie endlich erkennt, daß ich es bin, dreht sie sich um und versinkt wieder in Schlaf. Ich hingegen liege wach und versuche, hinter die Strategie zu kommen, die sich die schlechten Träume für diese Nacht ausgesucht haben: manchmal begnügen sie sich mit diesem dreifachen Wecken; manchmal ist das nur die Einleitung einer Serie von mehreren, einanderfolgenden Unterbrechungen des Schlafs; und manchmal wachen alle drei, die beiden Kinder und meine Frau, gleichzeitig auf mit Geschrei und Gestöhn, das auf mich herunterprasselt wie Teile einer Höllenkantate für drei Stimmen und ein stummes Orchester. Kurz vor dem Morgengrauen, wenn sich in dem Spalt zwischen den Vorhängen schon die Blässe des neuen Tages zeigt, versinke ich schließlich doch in Schlaf. Zuerst spüre ich, wie sich mein Unterkiefer entspannt und auf die Brust sinkt, dann dringt kühle Luft in meinen Rachen, die Augenlider werden schwer, der Atem wird tiefer, ich kann gerade noch denken, daß ich nicht einschlafen darf, und schon weiß ich nichts mehr. Wahrscheinlich schnarche ich.

Am nächsten Morgen indes ist es nicht leicht, etwas zu erfahren. Wir sitzen am Tisch, verteilen Margarine und Erdbeerkonfitüre auf Toast und trinken Tee. Alle sind wir verquollen, haben gerötete Augen, seufzen von Zeit zu Zeit, als trügen wir eine schwere Last. Wenn ich frage, was sie in der vergangenen Nacht geträumt haben, bekomme ich keine genaue Antwort. Ich habe es schon öfter versucht, aber sie antworten mit unzusammenhängenden Satzfetzen, und am Ende winken sie ab. Ivanka sagte zwar einmal, sie habe ein Gesicht gesehen, das sie aufzufressen drohte, und Zoran erwähnte an dem gleichen Tag, in jedem Traum sei jemand hinter ihm her, aber er wisse nicht, wer. Er höre ein Hecheln hinter seinem Rücken, das immer näher komme, er spüre sogar den heißen Atem seines Verfolgers, aber dann – und das sei eigentlich das Schlimmste daran – sehe er beim Wegrennen aus den Augenwinkeln, daß sich jemandes Finger langsam auf seine Schulter senkten.

Auf die linke oder die rechte? – fragte ich.

Auf die linke, sagte Zoran, immer auf die linke.

Und dann? – fragte ich.

Dann mache ich vor Angst die Augen zu, sagte Zoran.

Und die Finger, fragte ich, legen sich die Finger tatsächlich auf deine Schulter, packen sie dich, halten sie dich mitten im Lauf fest?

Ich weiß nicht, sagte Zoran, wenn ich die Augen öffne, sehe ich dich.

Er stand auf, schwang seinen Ranzen auf den Rücken und rannte in die Schule, so daß meine letzte Frage – ob er mich im Traum oder in Wirklichkeit gesehen habe – in der Luft hängen blieb, wo sie sich vermutlich noch immer befindet.

Meine Frau war da schon etwas gesprächiger. Es geht nicht nur um einen Traum, sagte sie, und meistens geht es auch nicht um eine bestimmte Person. Manchmal, man weiß aber nie, wann, betonte sie, ist der Grund für die Angst nicht jemandes Anwesenheit, sondern vielmehr seine Abwesenheit. Ich träume zum Beispiel, sagte sie, daß ich ein menschenleeres Zimmer betrete. Das Zimmer ist bescheiden eingerichtet: ein Tisch, zwei Stühle, eine niedrige Liege, ein Waschbecken in der Ecke. An der Wand ein gesprungener Spiegel. Sie ist müde, kann es kaum abwarten, sich hinzusetzen, die Schuhe auszuziehen und aufs Bett zu fallen. Aber sowie sie sich bückt und die Schnürsenkel löst, spürt sie, daß noch jemand im Zimmer ist. Sie hebt nicht den Kopf, sieht nicht um sich, denn sie weiß, sie würde niemanden sehen, und dennoch fragt sie, wer da sei. Stille. Was willst du von mir? – fragt sie dann und kommt sich, wie sie sagt, blöd vor, weil jemand auf den Gedanken kommen könne, sie unterhalte sich mit ihrem

Schuh. Aber gleich danach denkt sie, es sei noch blöder, daß ihr so etwas überhaupt in den Sinn komme, denn alles passiere nur im Traum, und niemand könne sie sehen. Mit Ausnahme, natürlich, dieser anwesenden Abwesenheit, sagte sie, und dann werde sie von einer neuen Angst erfaßt, von einer noch stärkeren und noch beklemmenderen. Worte sprudelten dann aus ihrem Mund, denn sie spüre, daß nur die Worte, eine Flut von Worten, dieses Grauen aufhalten könnten. Sie öffne also den Mund und lasse die Worte herausströmen in der Hoffnung, wie sie sagte, ihre Zunge und ihre Lippen würden nicht müde, vor allem dann nicht, wenn diese anwesende Abwesenheit sie umschlinge und beginne, sie gewaltig zu schütteln.

Das ist keine Abwesenheit, sagte ich, das bin ich.

Du bist nicht in meinem Traum, sagte meine Frau.

Im Traum nicht, antwortete ich, aber ich schüttele dich in der Wirklichkeit.

Du? – fragte meine Frau zweifelnd.

Ja, sagte ich, ich. Wer sonst sollte im Bett neben dir sein?

Aber wer ist dann im Zimmer?

In welchem Zimmer?

In meinem Traum, sagte meine Frau.

Dort ist niemand.

Woher weißt du das?

Du hast es mir gesagt.

Wann?

Gerade eben.

Warum schüttelst du mich dann?

Weil du schreist, sagte ich. Du schreist, als zöge man dir die Haut ab.

Keiner zieht mir die Haut ab, sagte meine Frau. Dort ist sowieso niemand.

Woher weißt du das?

Du hast es mir gesagt.

Nein, erwiderte ich, das hast du mir gesagt.

Meine Frau stieß einen Seufzer aus, blickte auf die Uhr, schob eine Haarsträhne aus der Stirn. Ich muß weg, sagte sie, ich komme zu spät zur Arbeit, und dieses Gespräch bringt ohnehin nichts. Sie stand auf, beugte sich über mich und küßte mich auf die Stirn. Wie kommt es, fragte sie, daß nur du keine Träume hast? Sie befeuchtete ihre Lippen, drehte sich um und ging.

Und so bleibe ich wie immer allein zurück, aber ich fühle mich nicht mehr wohl. Ich mag die Einsamkeit nach wie vor, doch jetzt denke ich immer öfter, daß ich nicht mehr allein im Haus bin. Alle diese Träume halten sich tagsüber irgendwo versteckt, denn sie werden doch nicht jede Nacht durch die Ritzen hereinkommen oder durch den schmalen Kamin herunterklettern. Ich muß nur genug Ausdauer haben, sagte ich zu mir, dann werde ich sie einmal entdecken, aber ich fand sie nie. Ich schaute in jeden Schrank, unter jedes Marmeladenglas, unter jede Tüte und jede Dose in der Speisekammer, schob den Besenstiel in den Spalt hinter dem Kühlschrank, hob jeden Gegenstand in der Werkstatt auf und legte ihn wieder an seinen Platz zurück. Von den Träumen keine Spur. Ich versuchte, sie sogar durch Räucherstäbchen und rätselhafte Zaubersprüche zu vertreiben. Die Räucherstäbchen hatte ich bei einem Chinesen gekauft, die Zaubersprüche in einem verstaubten Buch über Träume in der Universitätsbibliothek gefunden. Die Stäbchen dufteten angenehm, und ich bedauerte nicht, sie gekauft zu haben. An Zaubersprüche habe ich jedoch nie geglaubt. Die Autorin des Buches, Linda Sebastian, behauptete, die Zaubersprüche stammten aus den Manuskripten ägyptischer Wunderheiler, aber während ich sie murmelte – damba budira, ma joka gritam, harum pa krita dognavi usw. –, konnte ich mich nicht des Eindrucks erwehren, daß Linda sie selbst eines Nachts ausgedacht hatte, als sie, von Zahnschmerzen oder Blähungen geplagt, keinen Schlaf finden konnte. Dennoch leierte ich sie eifrig in jeder Zimmerecke herunter und schwenkte dabei rhythmisch die

Räucherstäbchen, während hinter meinem Rücken, genau in der Mitte des Raumes, eine weiße Kerze brannte. Ich ging so durch alle Räume, einschließlich Badezimmer und Gäste-WC, wo ich mich, Lindas Empfehlung folgend, am längsten aufhielt, denn die schlechten Träume, behauptet sie, versteckten sich besonders gern in der Nähe der Toilettenschüssel. Später mußte ich das ganze Haus noch einmal inspizieren, aber nicht mehr auf der Suche nach den schlechten Träumen, sondern nach Wachstropfen, die ich in meiner Unachtsamkeit hinterlassen hatte und die, hätte meine Frau sie entdeckt, für mich verheerender gewesen wären als jeder auch noch so schreckliche Traum.

Nichts half. Die schlechten Träume blieben, das Hochschrecken und die Schreie in der Nacht hörten nicht auf, und ich wankte wie ein Geist von einem Zimmer ins andere, von Bett zu Bett, von den Tränen zu den Schreien und wünschte mir nichts sehnlicher als ein bißchen Schlaf. Mein Gesicht wurde schmal, die Wangen fielen ein, die Augen verloren ihren Glanz. Wenn das so weitergeht, sagte ich beim Frühstück, bleibt von mir nichts mehr übrig. Keiner schenkte meinen Worten Beachtung, wahrscheinlich weiß auch keiner von ihnen, wie ich wirklich aussehe. Auf der Welt gibt es ohnehin genug Väter, auf einen mehr oder weniger kommt es nicht an. Ich versuchte dennoch, meine Tochter zu überreden, mir etwas von ihrem Traum zu erzählen. Dieses Gesicht, sagte ich, wie sieht es aus? Ich stand an den Türpfosten des Badezimmers gelehnt, während sie sich beim Schminken so weit zum Spiegel beugte, daß sie ihn fast mit ihrer Nasenspitze berührte.

Es ist ein Gesicht wie jedes andere, sagte Ivanka, da gibt es nichts zu erzählen. Sie hob ein Augenlid an, als wolle sie darunterschauen.

Aber warum macht dir dieses Gesicht Angst? Wenn es gewöhnlich ist, sagte ich, kann es doch nicht so schlimm sein.

Schlimm ist das, was das Gesicht mit mir vorhat, sagte meine Tochter.

Was denn?
Mich verletzen.
Aber, bohrte ich weiter, wenn das Gesicht dich verletzen will und, wie du sagst, so gewöhnlich ist, dann mußt du ihm etwas angetan haben.
Ich weiß wirklich nicht, sagte Ivanka, was die Angst vor einer Verletzung mit dem Aussehen zu tun hat.
Nicht ich habe einen Zusammenhang zwischen dem Aussehen und der Angst hergestellt, versuchte ich mich zu verteidigen, sondern du.
Weißt du was, Papa, sagte Ivanka, du schenkst völlig belanglosen Dingen viel zuviel Aufmerksamkeit. Vielleicht solltest du dich allmählich für wichtigere Dinge interessieren, sagte sie und schraubte die Wimperntusche zu.
Meine Frau phantasiert im Schlaf, meine Tochter fürchtet sich vor einem Menschenfresser, mein Sohn versucht, gedungenen Mördern zu entkommen, und du sagst, ich sei unernst? Sind das vielleicht belanglose Dinge?
Was für ein Menschenfresser, sagte Ivanka, wie kommst du denn darauf? Mit der Fingerspitze entfernte sie etwas Lippenstift von den Zähnen und suchte mein Bild im Spiegel. Auch diese gedungenen Killer hast du dir ausgedacht, fügte sie hinzu, Zoran hat sie überhaupt nicht erwähnt, als er von seinem Traum erzählte.
Vielleicht, sagte ich noch in derselben Nacht zu meiner Frau, hat man unser Haus auf einer heiligen Stätte gebaut, auf einem uralten Friedhof oder an einer Stelle, wo einst Galgen standen? Wir lagen auf dem Rücken und beobachteten die vorbeihuschenden Lichtmuster, die die Scheinwerfer der vorbeifahrenden Autos an die Decke warfen.
Unsinn, erwiderte meine Frau, so etwas gibt es nur im Film. Ich hoffe, du willst jetzt nicht anfangen, im Hof zu graben.
Ach wo, sagte ich, obwohl ich neulich daran gedacht hatte. Ich war sogar in ein Werkzeuggeschäft gegangen und hatte

mich nach dem Preis eines Spatens und einer Hacke erkundigt.
So wie das gekommen ist, sagte meine Frau, so wird es auch wieder gehen. Man sollte dem keine besondere Bedeutung beimessen.
Lägest du wach, und ich träumte und schriee dabei wie am Spieß, würdest du anders reden.
Vielleicht würde ich überhaupt nicht reden.
Bitte?
Warum muß man über alles reden? Warum kann man nicht auch über etwas schweigen?
Was soll ich dazu sagen? Ich schweige und warte. Meine Frau dreht mir den Rücken zu, legt sich das Kopfkissen zurecht, zieht an der Bettdecke, sucht die bequemste Stellung. Einst hieß das, daß wir einander zugewandt lagen, die Beine und die Arme ineinander verflochten, als wollten wir nie auseinandergehen. Heute bedeutet Bequemlichkeit für uns keine Berührung, heilige Grenzen, die nur mit gegenseitiger Zustimmung übertreten werden dürfen. Die Muster an der Zimmerdecke werden seltener, die Dunkelheit wird undurchdringlicher, die Stille immer lauter. Meine Frau atmet tief und gleichmäßig. Ich stehe vorsichtig auf, meide knarrende Stellen auf dem Fußboden und gehe ins Wohnzimmer. Dort ist die Dunkelheit weniger tief; das Licht der Straßenbeleuchtung fällt durch zwei große Fenster herein und ergießt sich über den Teppich wie ein durchsichtiger Tümpel. Ich drehe mich um und gehe zur Haustür. Der Schlüssel leistet zunächst sanften Widerstand, dann dreht er sich geräuschlos. Ich packe die Klinke und öffne die Tür. Die frische Nachtluft leckt an meinen Fußgelenken. Ich spüre, wie ich Gänsehaut bekomme, wie mein Herz immer schneller pocht. Man müßte nur losmarschieren, denke ich, und nicht mehr stehenbleiben. Ich brauchte nicht einmal zu schauen, die Füße wüßten den Weg schon von selbst. In dem Augenblick raschelt etwas im Gras unter der Birke. Vielleicht eine Maus

auf der Suche nach Nahrung oder auf der Flucht vor der Nachbarskatze? Ich setze an zu gehen, doch dann bleibe ich stehen, ein Fuß schwebt über der Türschwelle. Wie lange kann man auf einem Bein stehen, vor allem, wenn man kein Fakir ist? Bald spüre ich, wie meine Muskeln zittern und meine Zehen taub werden, aber ich verharre so, ohne mich zu rühren, schließe die Tür nicht, bis ich die Stimme meiner Tochter höre, die nach mir ruft.

Manche Dinge erfassen wir nie

für Vladimir und Isaak

Es gibt Dinge, die wir wissen, sagte Ruben Rubenović, der ehemalige Tuchhändler, aber manche Dinge erfassen wir nie.

Richtig, sagte der Vater.

Wißt ihr, was an einer Stelle in der Mischna geschrieben steht?

An welcher Stelle? – fragte der Vater.

Wer über die folgenden vier Dinge nachdenkt – über das, was unten ist, was oben, was vor dem Beginn der Zeit war und was danach kommt – wäre besser nicht auf diese Welt gekommen. Ruben Rubenović deutete mit zittrigem Finger auf Daniel Atijas: Du, junger Mann, *weißt nicht einmal*, was die Mischna ist! Oder doch?

Er weiß, wo der Teufel sein Bein gehoben hat, sagte die Mutter, und wo er ausgerutscht ist.

Gott bewahre, sagte Ruben Rubenović, die Mischna hat nichts mit dem Teufel zu tun.

Er auch nicht, sagte die Mutter, ich habe mich nur bildhaft ausgedrückt.

Wie?

Bildhaft, schrie die Mutter.

Ruben Rubenović nickte, sein Finger zeigte noch immer auf Daniel. Wie ist es dir beim Militär ergangen? – fragte er.

Daniel senkte lächelnd den Kopf.

Er spricht nicht gern darüber, sagte die Mutter.

Wer tut das schon?, pflichtete ihr Ruben Rubenović bei. Meinst du vielleicht, ich würde gern zum Militär gehen?

Du nicht, sagte der Vater, wen wundert's. Aber jeder junge und gesunde Mann – er hob die Faust und ließ sie wieder sin-

ken, ohne auf den Tisch zu schlagen – muß Militärdienst leisten. So will es das Gesetz, daran ist nicht zu rütteln.
Ruben Rubenović drohte ihm wortlos mit demselben Finger.
Welche Gesetze hast du in deinem Leben respektiert?, fragte ihn Daniel.
Ich? Alle.
Die Gesetze sind dazu da, respektiert zu werden, sagte die Mutter. Darüber gibt es nichts zu diskutieren.
Gewiß, sagte der Vater.
Plötzlich versanken sie in Stille. Ruben Rubenović fiel das Kinn auf die Brust, er schien eingenickt zu sein. Durch sein schütteres Haar schimmerte die gelbliche Kopfhaut. Der Vater hingegen hatte den Kopf gehoben und fixierte mit gerunzelter Stirn einen Punkt an der Zimmerdecke. Der Kuckuck in der Uhr schrie auf, als würde er geschlachtet, die Mutter zuckte zusammen. Hast du das gehört? sagte sie zu Daniel.
Was?
Als sei jemand hereingekommen …
Das kommt dir nur so vor.
Sieh mal nach, bitte.
Daniel schob langsam den Stuhl zurück und ging aus dem Zimmer. In der Diele war niemand. Er drückte die Klinke der Wohnungstür herunter – die Tür war versperrt. Er drehte sich um und sah, wie hinter dem Milchglas der Küchentür ein Licht vorbeihuschte. Er öffnete die Tür einen Spalt und drückte auf den Lichtschalter. Die Küche war weiß, leer, stumm. Auf dem Tisch ein kleiner Teller, darauf Schalen von Šolet-Eiern, Krümel von Strudel. In einer Ecke hing über einem umgestülpten Hocker Frischkäse in einem Gazetuch, aus dem es tröpfelte. An der Wand links ein Kalender. Er knipste das Licht aus und kehrte ins Zimmer zurück. Die Mutter sah ihn fragend an. Da ist niemand, sagte Daniel.
Während er sich wieder hinsetzte, machte Ruben Rubenović die Augen auf. Du hast mir immer noch nicht gesagt, ob du weißt, was die Mischna ist?

Ich weiß es, antwortete Daniel.
Ruben Rubenović seufzte. Manchmal, sagte er, denke ich, wir vier sind die letzten Juden in der Stadt.
In welcher Stadt? – fragte der Vater.
In Belgrad.
Das hier ist Zemun, sagte der Vater.
Die Peripherie, sagte die Mutter.
Was? – fragte Ruben Rubenović.
Die Peripherie, wiederholte die Mutter.
Und was ist dann Neu-Belgrad? – sagte Daniel.
Der Vater schaute ihn an. Wie meinst du das?
Wenn Zemun mit seiner reichen Geschichte, wie Mama sagt, Peripherie ist, was ist dann Neu-Belgrad, diese Horror-Stadt?
Eine gute Frage, sagte Ruben Rubenović. Er streckte die Hand aus und berührte Mutters Handrücken. Gibt es noch Šolet-Eier?
Die Mutter nickte, nahm ein Glas und ging in die Küche.
Vielleicht bin ich konservativ, fuhr Ruben Rubenović fort, aber ich bin überzeugt, daß Neu-Belgrad ein totales Fiasko ist. Er blickte abwechselnd zum Vater und zu Daniel, aber sie antworteten nicht. Seine Augen waren klein, schwarz, umrahmt von wimperlosen Lidern. Und natürlich nicht nur Neu-Belgrad, sagte er, sondern alle diese modernen Siedlungen, alle diese Beton…
Auch Petlovo Brdo, unterbrach ihn der Vater.
Das auch, stimmte ihm Ruben Rubenović zu, das auch. Du hast das treffend gesagt: Horror-Städte.
Das habe ich nicht gesagt, sagte der Vater.
Bitte?
Das habe ich nicht gesagt, schrie der Vater, sondern er. Er wies mit dem Kopf auf Daniel.
Gut, sagte Ruben Rubenović, aber ich will dir erklären, warum das so ist.
Er verstummte, sein Kopf sank wieder herab, und Daniel, besorgt, er könne wieder einnicken, fragte: Warum?

Weil, sagte Ruben Rubenović sich aufrichtend, man dort nicht mehr die Familie pflegen kann. Weil den Kindern die grundlegende Orientierung im Leben fehlt. Weil du ihnen nicht mehr beibringen kannst, was eine Straße, ein Platz, ein Hof ist. Könnt ihr vielleicht einem Kind in Neu-Belgrad sagen, er fuchtelte mit dem gleichen Zeigefinger in der Luft: da hast du Geld, geh zum Markt, biege dann in die zweite Straße links, dort befindet sich der Kramladen, und kauf mir Feigen! Dort gibt es die besten Feigen! Die besten!
Das kannst du nicht, sagte der Vater.
Natürlich kannst du das nicht, bestätigte Ruben Rubenović. Aber wo es kein System gibt, gibt es auch keine Familie. Wißt ihr, was die Juden erhalten hat? Die Familie. Das System. Das Gesetz. Die Thora. Und wißt ihr, wo die Juden verschwinden? Dort, wo es keine Thora gibt. Ist das nicht so? Als ich klein war, lebte ich für den Sabbat. Aber wer feiert denn heute noch Sabbat, wer zündet die Kerzen an? Deshalb sage ich, daß wir wahrscheinlich die letzten Juden in der Stadt sind. Wenn ich eure Wohnung betrete, spüre ich den Duft der Familie, der schon längst verlorengegangen ist. Du weißt das wahrscheinlich nicht, sagte er zu Daniel, die Schränke waren früher größer, wir krochen in sie hinein, und dort, zwischen den Kleidern, duftete es am stärksten. Meine verstorbene Mutter, sie möge in Frieden ruhen, sagte oft, daß jeder dort lebt, wo er es verdient, und daß du nicht an einem Ort sein kannst, der dir nicht vorbestimmt ist. Aber habe ich das verdient? Er begann zu weinen.
Der Vater räusperte sich, als wolle er etwas sagen. Er schwieg. Die Mutter fand sie tief schweigend vor. Als sie die Tür öffnete und – fast verdeckt von dem großen Tablett – innehielt, wußte Daniel, was sie sah: dasselbe wie er kurz zuvor – nicht die Wirklichkeit, denn die Wirklichkeit ist immer in Bewegung, sondern eine erstarrte Form des Seins, ein Foto der Wirklichkeit. Vergeblich versuchte er, der Mutter ein Zeichen zu geben, ihr zu zeigen, daß er Bescheid wußte, daß er lebte.

Die Mutter ging quer durch das Zimmer und stellte das Tablett mitten in das Foto hinein. Die Tellerchen klirrten, die braunen Eier in der Schüssel bewegten sich, die Blasen in der halbleeren Flasche mit dem Mineralwasser stießen gegeneinander, die Käsescheiben gerieten zwischen den dünn geschnittenen Schinken; nur die Oliven waren stumm. Die Oliven, die Daniel übrigens am meisten überraschten, denn für ihn gehörten sie früher nie zum Speiseplan der Familie. Früher nie? Doch, einmal, vor vielen Jahren, aber damals war seine Mutter noch wesentlich jünger, ihr Haar war dunkler und länger und fiel in Locken fast bis auf die Schultern. Ihn hatte man damals, er weiß nicht mehr, warum, ganz in Weiß gekleidet. Oder war die Hose dunkelblau? Trug er eine Krawatte? Das Haar hatte man ihm angefeuchtet und seitlich gescheitelt, genau an der Stelle, wo es jetzt schütter wird, einige Strähnen waren widerspenstig, und Mutter beugte sich herab, um sie zu ordnen. Später, nur daran erinnerte er sich noch, lauschte er im kalten Kinderzimmer dem Gemurmel der Gäste. Neben seinem Bett brannte eine kleine Tischlampe. Er kannte die Anordnung der Schatten, in dieser Nacht bemerkte er jedoch zum ersten Mal den messerscharfen Schatten der Mesusa am Türpfosten. Er wollte aufstehen, aber der Schlaf zog ihn zurück auf das Kissen, unter die Decke, in den Traum. Er mußte eingeschlafen sein, wie sonst sollte man die Erscheinung erklären, die er sah, als er – wie es ihm schien – im nächsten Augenblick durch noch verklebte Augenlider blickte: eine schwarze, haarige Hand, die vor seinem Gesicht fuchtelte, während eine rauhe Stimme flüsterte: »Los, Wachablösung!« Fröstelnd streckte er ein Bein unter der Decke und dem Militärmantel hervor, mit denen er sich zugedeckt hatte, bedachte dabei aber nicht, daß er im oberen Bett lag. Mit einem Aufschrei fiel er dem schmutzigen Linoleumboden entgegen. Als er die Augen öffnete, hockte Mutter an seinem Bett und betastete seine Wange, seine Stirn, seinen Hals. Ist es möglich, daß er damals, vor zwanzig Jahren, im Traum einen

Teil seiner Zukunft gesehen hatte? Er ließ sich trösten, wartete, bis sie wegging, und bemühte sich danach mit ganzer Kraft, wieder einzuschlafen und den unterbrochenen Traum fortzusetzen. Die Tischlampe brannte noch immer und spendete ein schwaches Licht durch ihren trüben Schirm. Es kam ihm der Gedanke, sie sei schuld daran, daß er nicht einschlafen konnte, aber als er versuchte, sie auszumachen, bemerkte er verblüfft, daß er den kleinen weißen Schalter, der sonst in der Dunkelheit leuchtete, nicht erreichen konnte. Er stieg aus dem Bett, diesmal wirklich, und in dem Augenblick, als er auf den kleinen Knopf drückte, verspürte er eine unerträgliche Angst. Er suchte die Tischlampe, konnte sie aber nicht finden. Er machte einige kleine Schritte im Dunkeln, blieb dann stehen, überzeugt, daß sich vor und hinter ihm unbekannte Wesen bewegten. Am Ende der großen Diele, wahrscheinlich unter einer Tür, leuchtete ein schmaler Lichtstreif auf, und er lief ihm entgegen, die Tränen unterdrückend. Er zögerte lange, drückte dann auf die Klinke und schob leise die Tür ein wenig auf. Um den großen Eßtisch saßen seine Eltern und zwei Besucher: Ruben Rubenović, mit dem er gerne spielte, und ein junger Mann, den er bis dahin nie gesehen hatte. Das Parkett knackte unter seinen nackten Füßen, er tat einen Schritt zurück und schloß eilig die Tür.

Schon wieder, sagte die Mutter, und drehte sich um.

Was? – fragte der Vater.

Schon wieder scheint mir, daß jemand hereingekommen ist.

Da ist niemand, sagte Daniel, ich habe vorhin die Küche abgesucht.

Es kam mir so vor, sagte die Mutter. Sie verteilte die Tellerchen und bat zuzugreifen. Ruben, sagte sie, nimm doch ein Ei, es lohnt nicht zu weinen.

Ruben Rubenović schneuzte sich geräuschvoll und wischte mit dem Handrücken die Tränen weg. Du hast recht, sagte er, es lohnt nicht zu weinen. Einige Dinge wissen wir, seufzte er, und einige erfassen wir nie.

Richtig, sagte der Vater.

Vor vielen Jahren, fuhr Ruben Rubenović fort, als ich jung war, litt ich darunter, daß es Grenzen, daß es Mauern gibt. Ich wollte wissen, was jenseits der Mauern, jenseits der Grenzen war. Da erfuhr ich, ich weiß nicht mehr, von wem, daß es eine Geheimlehre gibt, Kabbala genannt, die einen das sehen läßt, was man mit bloßem Auge nicht sehen kann. Ich begann herumzufragen. Ich fragte links, fragte rechts, und so kam ich viel herum, lernte verschiedene Menschen kennen, besorgte mir Bücher und begann zu lesen. Ungefähr zu dieser Zeit verstarb mein Vater, er möge in Frieden ruhen, und fortan lastete die ganze Verantwortung für unser Geschäft auf mir. So arbeitete ich tagsüber, maß Stoffe ab, bereitete Bestellungen vor, und nachts studierte ich zwischen zwei Kerzen alte Schriften. Was habe ich da nicht alles gefunden! Die einen meinten, zunächst habe es Gott und dann die Welt gegeben, die anderen waren der Überzeugung, daß die Welt lange vor Gott da war. Die einen glaubten, alles quelle aus ihm, die anderen, alles münde in ihn. Ich fand Hinweise, wie ich alle möglichen Wesen herbeirufen kann, wie ich Gegenstände bewegen, wie ich jede Frau zu meiner machen, wie ich sehen kann, was in weiter Ferne geschieht. Aber alles, was ich las, lehrte mich nur eins: daß die Menschen sich auch über die einfachsten Dinge nicht einigen können. Kaum hatte ich eine These akzeptiert, tauchte ein anderes Buch auf, das diese völlig widerlegte. Es galt allein das, was in ihm stand, und auch das nur, solange ich nicht auf ein neues Buch stieß. Es kam mir vor, als befände sich das Wissen in den Händen irgendwelcher finsteren und bösen Mächte, und der Mensch dürfe nur das erfahren, was sie ihm beschieden hätten. Dieser Gedanke kam mir, ich kann mich genau daran erinnern, an einem Morgen, nachdem ich die ganze Nacht über einem verworrenen Text gebrütet hatte. Die Kerzen waren runtergebrannt, hinter den Häusern auf der anderen Straßenseite zeigte sich die Morgenröte. Ich stand auf und trat an das Fenster. Alle Glieder taten mir weh. Ich war verkrampft, krumm, blaß – was hatte ich von all dem? Draußen erwachte ein neuer Tag, die ersten Wagen fuhren auf der Straße, ein Hund bellte, die Spatzen schwangen sich von den Dächern. In diesem Augenblick fand ich den Kern der Wahrheit: Man muß klar sehen, aber *nicht,* was hinter der Mauer ist, sondern vor ihr. Es gibt eine Ordnung in der Natur, der man sich nicht entziehen kann. Wenn du die Dinge in deiner Nähe klar erkennst, kannst du auch in den entferntesten Winkel des Weltalls sehen.

Ruben Rubenović verstummte und machte mit einem kräftigen Schlag sein Šolet-Ei kaputt. Die Schale bröckelte zwischen seinen zittrigen Fingern und klebte immer wieder an der glatten Oberfläche des gestockten Eiweißes.

Es mag sein, daß du hinter die größten Geheimnisse des Weltalls gekommen bist, sagte die Mutter und nahm die weiße Masse aus den Händen des ehemaligen Tuchhändlers, aber wie man ein Ei schält, weißt du immer noch nicht.

Ruben Rubenović lachte. Manche Dinge, sagte er, erfassen wir nie.

Versuch der Beschreibung des Todes von Ruben Rubenović, dem ehemaligen Tuchhändler

Die Zeilen, die nun folgen, die Seiten, die ich nicht voraussehen kann, die Ereignisse, die Geräusche, die Handlung, der Ort: alles ist ein Versuch. Die Wörter, die ich gebrauchen, die Sätze, die ich bilden werde, die Fragen, die Aussagen: alles ist ungewiß, nichts führt zu einem bestimmten Ziel, nichts besitzt die Beständigkeit des Unwiderlegbaren. Was ich beschreibe: das ist Ihnen unbekannt, Sie werden nie erfahren, was ich sagen wollte. Die Erzählung, die Sie lesen werden: sie gehört nur Ihnen. Zwischen Ihrem Lesen und meiner Absicht liegen tiefe Abgründe des Unverständnisses und der Isolation des menschlichen Individuums. Die einzige Gewißheit, der rote Faden, an dem wir, Sie und ich, uns mit der Kraft eines Ertrinkenden festhalten werden, ist die Interpunktion, der Sinn des Kommas, die Notwendigkeit des Punktes. Ich hätte auch darauf verzichten können, aber: zu wem hätte ich dann gesprochen? Ich bin ohnmächtig: denn die Worte sind ohnmächtig. Sie verstehen mich nicht: denn Sie verstehen zu genau. Sie und ich führen einen Dialog, der weder Ihnen noch mir etwas sagt. Sie sind sich (einzig) meiner Pausen bewußt, der Augenblicke, in denen ich Luft hole oder in denen ich innehalte, um meine Gedanken zu sammeln; Sie sind sich also meiner bescheidenen physischen Existenz bewußt: mein Intellekt bleibt für Sie unerreichbar, meine Phantasie ebenfalls. Einmal ausgesprochen, sterben die Worte. Und so teilen wir, Sie und ich, das gleiche Schicksal: wie Aasgeier stöbern wir in einem Grab von Papieren.
Natürlich jetzt: da die Erzählung begonnen ist, gibt es kein

Zurück. Wir machen uns gemeinsam auf zu deren (noch unerforschten, noch nicht entstandenen) Räumen, wobei wir uns dessen bewußt sind, daß jeder von uns auf seinem eigenen Pfad wandert, oder, um eine Metapher zu gebrauchen: wir befinden uns in einem Tunnel, wo wir einander weder sehen noch hören können, wo wir vielleicht einander erahnen, wo aber die Angst groß genug ist, uns für immer verstummen zu lassen. Am Ende der Erzählung, in der Metapher: am Ende des Tunnels, wenn das Licht zuläßt, daß wir uns zunächst nur schemenhaft, dann aber immer schärfer gegenseitig entdecken, werden wir erfahren, wie sehr wir uns voneinander unterscheiden, wie vage unsere Vermutungen, wie trügerisch unsere Hoffnungen sind. Die Metapher hat allerdings einen Vorteil gegenüber der Erzählung: enttäuscht, können Sie auf dem gleichen Weg zum Anfang des Tunnels zurückkehren; die einmal gelesene Erzählung hingegen kann man nicht rückwärts lesen.
Verständlich daher, daß ich zögere, mit der Erzählung zu beginnen, etwa zu sagen: Ruben Rubenović der ehemalige Tuchhändler, liegt im Sterben; etwa sein Gesicht zu beschreiben: blaß, friedlich, glänzend, der linken Bettseite, wo mein Vater und meine Mutter sitzen, zugewandt, von einem dichten, unordentlichen Bart umrahmt; etwa die ins Auge fallenden Merkmale des Zimmers aufzuzählen: zu viele Möbel, ein großer Pappkoffer auf einem schwarzen Schrank, einige dicke, zerlesene Bücher auf dem Nachttisch, ein Hut auf der Fensterbank, schmutzige Vorhänge, ein buntbemalter Krug, bedeckt mit einer sauberen weißen Serviette, eine Wanduhr, ein Farbfoto von Jerusalem an der gegenüberliegenden Wand; etwa die ausgesprochenen Worte zu zitieren; etwa zu berichten, daß meine Mutter von Zeit zu Zeit aufschluchzt, daß mein Vater (meistens) die schlaffe Hand von Ruben Rubenović tätschelt, daß dieser selbst den eigenen Tod mit viel größerer Gelassenheit erlebt, daß ich ein stummer Beobachter bin, daß außer uns niemand im Zimmer ist und daß in

diesem Augenblick Vater vergeblich den Kranken (den Todgeweihten?) überreden will, ein Stück Apfelsine zu essen.
Ich kann nicht, sagt Ruben Rubenović. Ich danke dir.
Sie sind saftig, sagt mein Vater, warum willst du nicht probieren? Dann wühlt er in den Schalenresten: Hier, schau mal, sagt er, sie kommen aus Israel.
Soll ich dir einen Tee machen? fragt Mutter.
Nein, sagt Ruben Rubenović, nicht nötig. Danke.
Ein Tee würde dir vielleicht gut tun?
Ruben Rubenović antwortet nicht, macht die Augen zu.
Ruben, ruft Mutter und erhebt sich halb.
Ruben Rubenović macht die Augen nicht auf, fragt aber: Schneit es draußen?
Mutter setzt ihre Bewegung fort, steht auf und geht zum Fenster. Ja, sagt sie, es schneit.
Jetzt haben sich alle voneinander entfernt: Zeit für mich also, die neuentstandene Situation zu nützen und das Äußere meiner Mutter, danach auch das meines Vaters zu beschreiben. Das fügt sich gut in den Handlungsablauf ein, der allerdings unberechenbar ist, denn in dem Augenblick, als sich Mutter, nachdem sie ihren Satz zu Ende gesprochen hat, wieder zu uns dreht, fällt Licht auf ihr Gesicht und gleitet über den Stoff ihres (der Gelegenheit angemessenen) dunkelblauen Kostüms. Ihr Alter offenbart sich nur schwer dem nicht eingeweihten Leser, der wahrscheinlich meinen würde: Fünfzig? Zweiundfünfzig?, was Mutter mit einem Lächeln entgegennähme, da sie in Wirklichkeit auf die Dreiundsechzig zusteuert, so daß ihr der Aufenthalt in dem Zimmer mit dem Mann, der offensichtlich im Sterben liegt (ist das wirklich ihr Gedanke?), unsäglichen Schmerz bereitet. Sie erinnert sich zwar, daß sie schon – mehr als einmal! – mit dem in Berührung kam, was als Tod bezeichnet wird, ja sogar mit dem eigenen Tod, und daß sie dabei unvergleichlich gelassener war. Also: was bringt sie dazu, so viel Mitleid mit dem kleinen, blassen, beinahe verschwundenen Mann zu haben? Mit wel-

chem Mann? Denn mein Vater, der auf einem Holzstuhl neben dem Bett sitzt, ist ebenfalls klein, blaß und beinahe verschwunden (wessen Wahrnehmung ist das?), und dieser Eindruck wird noch verstärkt durch seinen dunklen Anzug aus schwerem englischem Stoff. Zwischen dem Mann im Bett und dem Mann auf dem Holzstuhl gibt es fast keinen Unterschied: das gleiche jüdische Gesicht, das gleiche krause graue Haar, die gleiche fleischige Nase, die gleiche hängende Unterlippe. Wer liegt da eigentlich im Sterben? Zum Glück tritt Mutter vom Fenster weg, und die bislang aufgehaltene Lichtspur streift das Brillengestell meines Vaters, läßt es aufleuchten. Da haben wir den Unterschied; jetzt wissen wir wieder, wer wer ist.

Jedesmal wenn das Parkett knackt, öffnet Ruben Rubenović die Augen und verfolgt Mutter mit seinem Blick.

Wie geht es dir? – fragt Vater.

Ich mache dir doch einen Tee, sagt Mutter und verläßt den Raum.

Vater wartet, bis ihre Schritte verklungen sind, dann nähert er vertraulich seine Lippen Rubens Gesicht: Hast du Angst? – fragt er.

Ha, sagt Ruben Rubenović und sieht für einen Augenblick so aus, wie er in meinen früheren Erzählungen ausgesehen hat, ob ich Angst habe?

Ja, sagt Vater, hast du Angst?

Weißt du denn nicht, was in den Büchern steht? Trauert um jene, die zurückbleiben …

Das habe ich dich nicht gefragt.

Was hast du mich dann gefragt?

Vater schweigt.

Hast du denn Angst?

Ich hätte Angst, sagt Vater.

Ruben Rubenović schüttelt den Kopf. Weißt du, fragt er, was ein Rabbiner einmal gesagt hat? Bereut, hat er gesagt, am Tag vor eurem Tod.

Ja, sagt Vater.
Aber wie werden wir wissen, fragten ihn die Schüler, wann dieser Tag ist?
Wirklich, sagt Vater, wie?
Betrachtet, sagt Ruben Rubenović, jeden Tag, als wäre er euer letzter. Das hat er ihnen geantwortet.
Vater, scheinbar ruhig, steht auf. Aber verrät nicht schon der Akt des Aufstehens eine versteckte Unruhe? Ich nütze deshalb die unbestrittene Macht des Autors, um in die geheimsten Winkel des Bewußtseins meines Vaters zu schauen: wo ich, wie erwartet, auf Chaos, Panik und Angst stoße. Mein Vater ist mit seinen siebzig Jahren am Rande der Verzweiflung. Die Ansicht des Todgeweihten (des Kranken?), einzig der Geist sei beachtenswert, zu akzeptieren, stellt kein großes Problem dar – zumindest sollte es das nicht –, und ich kann mit ziemlicher Sicherheit behaupten, daß sich mein Vater in jedem anderen Fall für diese Möglichkeit entschieden hätte. *In jedem anderen Fall*: denn als Arzt, als Doktor der Medizin, ist er unsterblich (welch ein Paradoxon!) verliebt in seinen Körper, in seine Sekrete und Exkrete, in die Funktion der Drüsen und der Glieder, in die Vollkommenheit des Nervensystems, in die Zellstruktur, das Unterhautgewebe und den quergestreiften Herzmuskel. Zu sagen, dies sei der einzige Grund, weswegen er sich für das Leben entscheidet, wäre freilich nicht richtig, denn aus demselben Grund weiß er um die Unvermeidbarkeit des Todes, er weiß, daß das Herz (und da bemühe ich wieder eine stilistische Figur) wie jede andere Maschine einmal zum Stillstand kommen muß. Aber sich für den Geist entscheiden – jetzt sind die Gedanken meines Vaters ruhiger und leichter zu verfolgen –, das bedeutet, früher oder später dem Körper zu entsagen; sich in diesem Augenblick für den Geist entscheiden, bedeutet: in diesem Augenblick dem Körper zu entsagen. Der Tod? fragt sich mein Vater und blickt insgeheim auf Ruben Rubenović, den ehemaligen Tuchhändler, der, nach seinen letzten Worten müde

geworden, die Lider geschlossen hat. Aber dann dringt auf wer weiß welchen Umwegen die wohlbekannte Geburtstagsfloskel »bis hundertzwanzig Jahre« in sein Bewußtsein. Mein Vater ist überrascht; ich bin überrascht. Ich spüre, wie er seine Selbstsicherheit zurückgewinnt, wie die Vorstellung von der Unsterblichkeit wieder ihre alte Gestalt annimmt. Vater beugt sich vor und sucht sorgenvoll den Puls des Kranken (des Todgeweihten?), danach fühlt er dessen Stirn. Er richtet sich gerade auf, als Mutter mit einem breiten Tablett ins Zimmer kommt. Ich habe Tee aufgegossen, sagt sie, blickt auf Rubens starres Gesicht, hält inne. Er ist doch nicht? fragt sie.
Nein, sagt Vater. Er schläft.
Mutter setzt das Tablett auf den Tisch. Leidet er?
Vater schaut sie an. Wer? – sagt er.
Wie, wer? – fragt Mutter. – Ruben natürlich.
Vater nimmt die Brille ab, reibt sich die Augenlider, setzt die Brille wieder auf, fährt mit den Fingern durchs Haar. Er leidet nicht, sagt er. *Er* nicht.
Was willst du damit sagen?
Trauert um jene, die zurückbleiben, das will ich sagen. Um die und nicht um den, den Gott zu sich genommen hat; er hat die ewige Ruhe gefunden, während wir unter der Last der Trauer gebeugt sind. *Wir.*
Hat Ruben das gesagt?
Etwas Ähnliches, sagt Vater.
Und warum ärgert dich das so? Weil es stimmt?
Vater antwortet nicht.
Lastet auf dir nicht die Trauer, der Gram, die Verzweiflung, all dies?
Du fürchtest dich genauso wie ich, sagt Vater.
Bitte?
Du fürchtest dich, du bangst, du hast Angst vor dem, was sich in diesem Zimmer abspielen wird!
Ich wecke ihn, sagt Mutter. Es ist nicht gut für ihn, kalten Tee zu trinken.

Antworte mir, verlangt Vater.
Ruben, ruft Mutter. Dann lauter: Ruben!
Weck ihn nicht, sagt Vater, bevor du mir geantwortet hast.
Ich will dir nicht antworten.
Du mußt!
Mutter setzt vorsichtig den Deckel auf die Teekanne, schweigt.
Mutter, sagt Vater. Mütterchen? Und beginnt zu weinen.
Das folgende Vorgehen meiner Mutter kann man beinahe voraussehen: sie schiebt das Tablett weg, geht zu meinem Vater und zieht seinen Kopf an ihre Brust. Vater schluchzt, sagt irgendwelche undeutlichen Worte, während Mutter mit der Hand sanft über sein graues (das wurde bereits gesagt) Haar streicht. Das Vorgehen meines Vaters hingegen, das gleich nachdem ich den Doppelpunkt getippt habe folgen wird, entzieht sich Ihren und meinen Vermutungen und überzeugt uns einmal mehr von der Mühsal unseres gemeinsamen Unterfangens: Vater befreit sich nämlich plötzlich aus Mutters Umarmung, durchquert das Zimmer und geht – auf wen zu? – auf mich. Obwohl seine Stimme leise und seine Sätze verworren und unvollständig sind, begreife ich, daß er mir irgendeine Abmachung anbietet, (eigentlich) darauf besteht, daß ich eine Forderung akzeptiere, wobei er auf die unwiderlegbare Tatsache hinweist, daß er mein *Erzeuger* ist und daß ich verpflichtet bin, ihm wenigstens einigen Respekt entgegenzubringen. Siehst du nicht, sagt er, was du dieser Frau angetan hast, welchen Schmerz du ihr zugefügt hast? Sie ist doch deine Mutter. Auch mich hast du verletzt. Siehe nur: ich weine. Reicht dir das nicht, mußt du denn weitermachen? Diese Erzählung ist ohnehin nur ein Versuch, dieser Mann (er meint Ruben Rubenović, Anm. d. Autors) muß nicht sterben, du kannst alles abbrechen oder auf ein anderes Mal verschieben, wenn wir ausgeruhter sind und dies leichter ertragen können. Es ist nicht einfach, fährt er fort, dem Tod ins Auge zu blicken, mit dieser einzigen Gewißheit konfrontiert zu wer-

den, zumal in meinem Alter. In deinem Alter hat der Tod vielleicht einen anderen Sinn, vielleicht hat alles einen anderen Sinn als den, den wir in meinem Alter finden. Hör zu, flüstert er, schmeiß das alles hin, du hast ja noch nicht viel geschrieben, und hole uns hier raus. Übrigens, ich kenne keinen Ruben Rubenović, der ist eine reine Fiktion, ein Produkt deiner Einbildungskraft, für dich der vermeintliche Prototyp eines Juden, ist es nicht so? Und warum sollen wir leiden und zugrunde gehen wegen einer Einbildung, wegen *deiner* Einbildung, wenn die Wirklichkeit anders, wahrhaftiger, schöner ist. Soll er (Ruben Rubenović, Anm. d. Autors) von mir aus sterben, aber laß *uns* von hier verschwinden, ich bin dein Vater, vergiß das nicht. Weißt du, wie das alles enden wird, falls du nicht bald etwas unternimmst? Ich verlange, ich bin dein *Erzeuger*, ich verlange, daß du sofort etwas unternimmst, daß du mit dieser schriftstellerischen Komödie aufhörst und uns die Würde zurückgibst, die uns gebührt!
Vati, sagt Mutter plötzlich und hört auf, ihn zu streicheln, Vati!
Vater erwacht und steht wortlos auf.
Hörst du mich? sagt Mutter.
Bitte? – antwortet Vater. – Bitte?
Mir scheint, sagt Mutter, Ruben Rubenović ist gestorben.
Ist das nicht ein erneuter Beweis für die Unberechenbarkeit: der Höhepunkt der Erzählung wird zu einem Zeitpunkt erreicht, zu dem ihn weder der Autor, noch die Helden noch der Leser erwarten? Vielleicht hat sich alles zu schnell abgespielt: aber wer kennt wirklich die Wege und Arten des Todes? Daß Vater von Berufs wegen den Tod feststellt, während Mutter sich hinsetzt und (wie man sagt) in die eigene Zukunft schaut, ist das nicht die Bestätigung der Wirklichkeit? Aber was ist die Wirklichkeit? Hat Vater nicht in den vorherigen Zeilen die Wirklichkeit dieser Erzählung geleugnet und alles eine Einbildung genannt, gesagt, die Wirklichkeit sei an-

ders, wahrhaftiger, schöner? Sie bemerken natürlich, daß man die Stichhaltigkeit *seiner* Äußerung in Frage stellen kann, denn kein Körper kann gleichzeitig an zwei verschiedenen Orten sein: wie kann Mutter Vater in die Arme nehmen und streicheln, wenn er steht und sich mit jemandem (dem Autor, Anm. d. Autors) unterhält? Einer, sagen Sie, einer lügt in dieser Erzählung. Aber das bedeutet, auch Sie erkennen die Existenz der Erzählung an, ja Sie vernebeln noch zusätzlich die Frage nach der Wirklichkeit und stürzen uns alle in ein noch größeres Dilemma. Die Frage lautet daher nicht: was ist die Wirklichkeit?, sondern: gibt es die Wirklichkeit? Wer ist hier der Autor, wer der Leser, wer die Helden der Erzählung? Mit welchem Recht kann irgendeiner von uns behaupten, die ihm zugewiesene Rolle sei wirklich die seine? Der Leser ist der Autor; der Autor ist der Hauptheld; die Helden sind Leser, Autoren und unschuldige Beobachter. Die Erzählung entsteht also von allein, so wie der Tod von allein entsteht (ein gelungener Vergleich); dem Tod geht allerdings das Leben voraus; aber was geht einer Erzählung voraus? Zu viele Fragen in diesem Abschnitt, zu wenige Antworten: keiner ist zufrieden. Vater steht am Fenster und schaut hin und wieder zum Bett, wo der unbewegliche Körper von Ruben Rubenović, dem ehemaligen Tuchhändler, liegt; Mutter sitzt, ebenfalls unbeweglich, obwohl: mehr entspannt als verkrampft auf dem Holzstuhl neben dem Bett; das Zimmer vermittelt kein Geräusch und füllt sich langsam mit Abenddämmerung, Stille und Kälte; ein kleiner Junge, der bislang nicht erwähnt wurde und der in einer Ecke des Zimmers sich selbst überlassen ist, hat sich fast vollständig hinter dem altmodischen schwarzen Schrank versteckt, wo er bald von Angst und Schlaf überwältigt wurde; der in eine tiefe Tasse gegossene Tee ist kalt geworden und von einer durchsichtigen Haut überzogen; ein kleines Mädchen, das aus demselben (welchem?) Grund nicht erwähnt wurde, weint, allerdings lautlos, es hat ein überirdisch weißes Kleid an (wenn es nicht ein menschliches Wesen wäre, könnte es perfekt die Rolle eines Engels spielen, obwohl es weder Flügel noch allzu langes Haar hat: so, als menschliches Wesen, ist es nur der stumme Zeuge des Grauens, dem es, wie es ahnt, oft beiwohnen wird); der diensthabende Notarzt unterzeichnet den Totenschein, drückt den Stempel drauf, zündet sich eine Zigarette an; die Wanduhr schlägt. Dieser Abschnitt ist zu lang, sperrig, voller nicht präzisierter Details, wenig überzeugend und unklar. Die Fäden der Geschichte liegen nicht mehr in den Händen des Autors, die Mahnungen, die ständig an die Betroffenen gerichtet wurden, erscheinen jetzt in vollem Glanz. Zuerst hat uns der Leser verlassen; jetzt machen sich auf demselben Weg auch Vater und Mutter davon. Vater bleibt sogar an der Zimmertür stehen und wendet sich – an wen? – an mich und betont, er habe recht gehabt, meine Einbildung (er nennt sie diesmal wieder Einbildungskraft) habe nur Unheil gebracht, und das, was ich ihm, meinem Erzeuger, aber auch meiner Mutter, meiner Schwester und mir antue, sprenge alle Grenzen. Nicht nur, daß du uns unsere Würde genommen hast, sagt er, sondern du denkst auch gar nicht daran, sie uns wiederzugeben. Seine Augen sind rot: das kommt von einer chronischen Bindehautentzündung; seine Worte sind überaus bedeutend: endlich wissen wir, wer der kleine Junge und das kleine Mädchen sind – das sind ich (der Autor, Anm. d. Autors) und meine Schwester, als wir klein waren. Es gibt einen logischen Fehler, eine *Irrationalität*, die durch die Einführung der beiden Kinder in die Erzählung entstanden ist. Sie waren als Kinder Zeugen eines anderen Todes; meine Schwester war übrigens beim Tod von Ruben Rubenović, dem ehemaligen Tuchhändler, nicht zugegen, sie wußte nicht einmal, daß Onkel Ruben (wie sie ihn nannte) im Sterben lag. Da sie, gleich nachdem sie erwähnt wurde, verschwand, zerstreuen Vaters Worte jeden potentiellen Glauben an die Existenz von Engeln, einen Glauben, der, so wie die Ereignisse sich hier entwickelten, durchaus vorstellbar war. Dennoch wird dadurch das Wirklichkeitsdurcheinander, das Dilemma bezüglich der Existenz und des Aussehens der Wirklichkeit nicht gelöst. Der Autor dieser Geschichte, der sich erst dann rührte, als der Körper des Verstorbenen weggetragen und das Zimmer vollends leer war, offenbart damit, daß der kleine Junge von allen vergessen worden ist und daß er immer noch hinter dem klobigen schwarzen Schrank schläft. Der Autor dieser Geschichte bückt sich, hebt den kleinen Jungen auf (er hebt sich selbst als Kind auf) und erreicht mit wenigen Schritten das Ende des Tunnels. Er hat den Tunnel vor langem betreten und ist nicht mehr sicher, ob er sich nun in der Metapher, in der Wirklichkeit oder in einer geschickt komponierten Erzählprosa befindet. Der Anblick, der sich seinen (von der Sonne geblendeten) Augen bietet, ist idyllisch, die Luft frisch, die Brise sanft. Der kleine Junge in seinen Armen öffnet ebenfalls die Augen. Der Autor und der kleine Junge schauen einander lange an, dann setzt der Autor den kleinen Jungen ab und nimmt ihn an der Hand. Der kleine Junge dreht sich zuerst um und betrachtet den Tunnel, dann erblickt er den Wald vor sich. Der Autor versucht, ihm mit einigen gewählten Sätzen zu erklären, daß das Sich-Hindurchschlagen durch die Metaphern für sie beide die einzig mögliche Form der Wirklichkeit, sozusagen ihr Lebensziel ist und daß sie nach dem Tunnel durch den Wald hindurch (sich durch ihn hindurchschlagen) müssen und nach dem Wald durch wer weiß was noch. Der Junge sagt, er wisse nicht, was eine Metapher sei, aber es interessiere ihn, was es tief im Wald gebe, und so geschieht es, daß die beiden Hand in Hand zwischen den uns am nächsten stehenden Bäumen verschwinden.

Der Tisch

Von allen Gegenständen auf dem Tisch ist nur einer nicht scharf.

Der Fels

Der Briefträger klingelt nie. Er klopft an meine Haustür. Einmal zeigte er mir, wie er das tut: Er krümmte den rechten Mittelfinger und pochte damit sanft gegen das Holz, als prüfe er dessen Qualität. Wir standen vor meiner Tür und schauten mal auf die Öffnung des Spions, mal auf das Türschloß. Der Briefträger wartete eine Weile, dann klopfte er wieder, diesmal lauter als das erste Mal. Das ärgert mich am meisten, sagte der Briefträger, ich klopfe, und keiner öffnet. Ich wies ihn darauf hin, daß ich neben ihm stehe, so daß in dem Haus, das ich allein bewohne, jetzt niemand sein könne. Egal, sagte der Briefträger, jemand sollte doch aufmachen. Er schaute mich grimmig an, als gebe er mir die Schuld dafür, daß meine Kinder groß geworden sind und meine Frau mich letztes Jahr verlassen hat. Ich bat ihn zu warten, lief hinter das Haus, betrat es durch die Hoftür, durchquerte die Küche, den Korridor und das Wohnzimmer, kam zur Eingangstür und rief, jetzt solle er anklopfen. Dann trat ich etwas zurück und lauschte. Ich sah vor mir, wie der Briefträger seinen Mittelfinger krümmte, wie er den Daumen gegen den Zeigefinger preßte, die Hand hob und mit dem festen Gelenk gegen die glatte Fläche schlug. Er klopfte drei mal: die beiden ersten Klopfer verschmolzen beinahe zu einem, der dritte folgte zwei, drei Sekunden später. Ich trat langsam an die Tür und fragte, wer da sei. Der Briefträger, sagte der Briefträger. Ich schaute durch den Spion. Es war in der Tat der Briefträger, ein wenig verzerrt durch die Linse, dennoch gut erkennbar. Etwas Vorsicht konnte nicht schaden, vor allem nachdem neulich in einem der Nachbarhäuser eingebrochen worden war. Ich öffnete die Tür und setzte ein breites Lächeln auf.

Oh, sagte ich, der Briefträger, wie schön! Wer hat uns denn heute geschrieben? Der Briefträger blieb ernst. Wenn er jedesmal so lange warten müsse, bis man ihm öffnete, sagte er, würde er nie mit seinem Bezirk fertig werden. Er bemühe sich nach Kräften, seine Pflicht zu erfüllen. Bestmöglich. Zur allgemeinen Zufriedenheit. Selbst dann, wenn er traurige Nachrichten zu überbringen habe. Aber die meisten Menschen würdigten das nicht. Mehr als einmal sei es vorgekommen, daß er im härtesten Winter bei minus 20 und mehr Grad drei, vier Minuten vor einer Tür gestanden habe, während der Mensch drinnen, egal ob Mann oder Frau, in aller Ruhe nach dem Schlüssel suchte oder sich abmühte, die verhedderte Türkette aufzudröseln, oder, was oft passiere, es nicht fertigbrachte, die Alarmanlage auszuschalten beziehungsweise den Hund zu bändigen, der ihn, wenn er ihm nur nahe käme, in Stücke reißen würde. Dabei, fuhr der Briefträger fort, sei es für ihn kein Trost, gelegentliche Rufe zu hören, Sätze wie »Gleich hab ich's« oder »Komme sofort« oder »Nur einen Augenblick« oder »Fast bin ich soweit«, denn er wisse, daß sie von Leuten kämen, die soeben aus ihren warmen Betten gekrochen waren, die sich, während sie sie aussprachen, räkelten und am ganzen Körper kratzten und sich in diesem Augenblick einen Dreck darum scherten, ob draußen der Wind blase oder die Sonne scheine oder, Gott bewahre, das Hochwasser steige. Er könne glatt vor deren Tür ertrinken, sagte der Briefträger, sie würden nicht einmal mit der Wimper zucken. Allenfalls würden sie ins Wasser springen und versuchen, aus seiner Tasche die an sie adressierten Briefe herauszufischen, sogar die Einschreibebriefe, obwohl diese nicht ohne vorherige Unterschrift des Empfängers ausgehändigt werden dürfen. Die Menschen seien herzlos, sagte der Briefträger, jeden Tag werde er in dieser Meinung aufs neue bestärkt. Er könne mir Tausende von Beispielen anführen, aber nicht heute, denn wozu mir und sich den Tag verderben? Im Sommer sehe doch jeder, wie trocken seine Lippen seien, fuhr er fort, aber niemand habe ihm je ein Glas Saft angeboten, so wie man ihm im Winter, wenn seine Wangen vom Frost und Wind rauh würden, auch nie einen Grog spendiere. Er bahne sich seinen Weg durch den Schnee, trotze dem Sturm, ertrage die Hitze, wate durch den Regen, um uns allen die neue Post zu bringen, aber wir benähmen uns, als sei er ein Asozialer. Uns interessiere einzig und allein, was er uns bringt, aber in dem Augenblick, da wir die Sendung in unseren Händen hielten, wetteiferten wir darin, wer am schnellsten die Tür zuschlägt. Mehr als einmal habe man sie ihm gegen die Nase geknallt, fuhr der Briefträger fort, nur weil der Empfänger es eilig hatte, das Päckchen oder den Umschlag möglichst schnell aufzureißen und zu sehen, was drinnen steckt. Und wenn ihm dabei zufällig, was tatsächlich schon einige Male passiert sei, die Nase blutig geschlagen wurde, dann konnte er klopfen, so lange er wollte, er konnte bis zum Jüngsten Gericht warten, vor dieser Tür verbluten, die Tür blieb zu. Er griff in seine Tasche und holte aus ihr zwei Briefe, einen in einem gewöhnlichen und einen in einem Luftpostumschlag, betrachtete deren Briefmarken und übergab sie mir. Ich nahm sie vorsichtig, als reiche er mir glühende Hufeisen. Der gewöhnliche Brief war von der Bank, das sah man an deren Logo in der oberen linken Ecke. Den mußte ich nicht öffnen, ich wußte ja, daß er schlechte Nachrichten enthielt. Das sei einer dieser Briefe, die gar nicht das Licht der Welt erblicken dürften, sagte ich zum Briefträger. Ich faltete ihn zusammen und steckte ihn in die Jackentasche. Der Briefträger rührte sich nicht von der Stelle: Er stand vor der offenen Haustür, blinzelte und atmete schwer. Der Luftpostbrief kam, wie seine Briefmarken verrieten, aus Neuguinea, aber nirgendwo stand, wer ihn abgesandt hatte, während mein Name und die Adresse mit einer Schreibmaschine geschrieben waren, an der man, dem blassen Abdruck einiger Buchstaben nach zu urteilen, schon längst das Farbband hätte auswechseln müssen. Ich drehte und wendete ihn und hielt ihn gegen das Licht, bis mir der Briefträger sein Taschenmesser reichte. Ich schob die Klinge in den Umschlag und schlitzte diesen der Länge nach auf. Der Brief war auf ein dünnes Blatt Papier geschrieben. Geschrieben hatte ihn meine Frau. Das hatte ich, ehrlich gesagt, nicht erwartet, und während ich dem Briefträger erläuterte, daß meine Frau mir geschrieben habe, kamen mir fast Tränen in die Augen. Der Briefträger rührte sich nicht von der Stelle: Er nickte verständig, klappte das Taschenmesser wieder zu und schob es in seine Tasche zurück. Ich kehrte ihm den Rücken zu und faltete behutsam das beschriebene Blatt auseinander. Nach einem Jahr bekam ich einen Brief von meiner Frau, und das auch noch aus Neuguinea, auf durchsichtigem Papier, in einem Umschlag mit bunten Briefmarken drauf, ich wollte mich ihm möglichst ungestört widmen. Da aber spürte ich des Briefträgers Atem in meinem Nacken. Ich drehte mich um und sah, daß er seine Brille aufgesetzt hatte. Was schreibt sie? – fragte der Briefträger. Sie schreibt, sagte ich, daß sie in Neuguinea ist und daß nichts so ist, wie sie es sich vorgestellt hat. Und wie hat sie es sich vorgestellt? – fragte der Briefträger. Sie dachte, das sei das Ende der Welt, sagte ich, und sie würde dort glücklich sein, aber sie habe nicht mit Sümpfen, Krokodilen und Mücken gerechnet. Der Briefträger fand auch, daß sie deswegen nicht bis nach Neuguinea reisen mußte, und fügte hinzu, sie hätte all dies auch an einem weniger entfernten Ort haben können. Aber, sagte ich, sie schreibt auch, sie habe ein Gebirgsdorf am Ufer eines kleinen Sees entdeckt und dort einen Felsen, auf dem, sobald sie sich darauf niedergelassen hat, vollkommene Ruhe in sie einkehrt. Der Briefträger beugte sich über meine Schulter. Sie schreibt aber nicht, wie das Dorf heißt, sagte er. Sie schreibt, sagte ich, daß sie den Wunsch verspürt hat, diesen Felsen nie mehr zu verlassen, und daß sie die ganze Nacht und den größten Teil des darauffolgenden Tages auf ihm sitzend verbracht hat, ohne auch nur den geringsten Hunger zu empfinden. Unglaublich, sagte der Briefträger, aber ich vermutete schon, daß er ihr nicht glaubte. Und sie schreibt weiter, sagte ich, daß in Neuguinea die größten Schmetterlinge der Welt leben, und daß das erste Exemplar gefangen wurde, indem man es mit einer Flinte vom Himmel holte. Der Briefträger schwieg. Ich drehte mich um. Ich nehme an, sagte der Briefträger, sie kommt nicht mehr zurück. Sie kommt nicht mehr zurück, sagte ich. Und sie bleibt, sagte der Briefträger, auf diesem Felsen am Ufer sitzen? Ich nickte. Der Briefträger seufzte und hängte seine Tasche auf die andere Schulter. Ich glaube, ich kann sie verstehen, sagte er, denn auch ich wünsche mir manchmal, während ich darauf warte, daß man mir die Tür öffnet, am Ufer eines Sees zu sitzen und mit den Füßen im Wasser zu plantschen. Ich hingegen konnte sie nicht verstehen, wollte das aber nicht sagen. Ich steckte das Blatt wieder in den Umschlag. Der Briefträger seufzte noch einmal und schickte sich an, weiterzugehen. Auf dem Rasen hielt er inne und drehte sich um. Wenn die Schmetterlinge so groß sind, sagte er, wie groß müssen dann erst die Blumen sein?

Das stumme Lied

Manchmal entsteht eine Legende vor einem Menschen, manchmal nach ihm.
Der zweite Fall ist weitaus einfacher: Nachdem ein Mensch verschwunden ist, sich im Vergessen aufgelöst hat, macht ihn die kollektive Phantasie zum Gegenstand von Geschichten, die zunächst wahr sind, sich aber mit der Zeit, insbesondere beim Auftreten neuer Gewalttaten, immer mehr von der historischen Wahrheit entfernen und entsprechend ihrer irrationalen Logik ein Eigenleben zu führen beginnen. Hm.
Der erste Fall ist weitaus ernster: Nachdem eine Legende entstanden ist, die von Anbeginn an bemüht war, alle Fallstricke der Historie zu vermeiden, taucht ein Mensch auf, der vollkommen zu ihr paßt. Hier sind zu Recht Zweifel an der kollektiven Phantasie angebracht. Der Urheber der Legende ist eher ein Einzelgänger, vielleicht ein Hellseher, vielleicht ein Prophet, vielleicht auch – warum nicht? – ein gerissener Betrüger, der an einer unwahrscheinlichen Geschichte strickte, um später ein Teil derselben zu werden.
Wie auch immer, die Legende des △ hatte es schon gegeben, bevor das △ auftauchte. Die Kunst, Namen in öffentliche Busse zu malen, erblühte in Belgrad bekanntlich Mitte der 70er Jahre, gleich nachdem die allmächtigen und allsehenden Schaffner durch rote Fahrscheinentwertungsautomaten ersetzt worden waren. Es gibt indes Anzeichen dafür, daß das △ zum ersten Mal schon Ende der Sechziger in einem Trolleybus gesehen wurde, zu einer Zeit also, als die Hauptstadt noch desorientiert und auf das Entstehen einer Gegenkultur völlig unvorbereitet war. Das läßt sich schwer überprüfen. Wenig wahrscheinlich, wenn auch nicht unmöglich, ist, daß

△ von einer seiner Auslandsreisen die damals hierzulande noch wenig bekannten Filzstifte mitgebracht und sie an den schmutzig-weißen Innenwänden des öffentlichen Verkehrsmittels ausprobiert hat. △ könnte dabei von einem kleinen Jungen beobachtet worden sein, der sich zehn Jahre später daran erinnerte und dann seinen *eigenen* Filzstift – mit selbstverständlich dickerer Spitze – zückte. So entstehen Legenden: im Nu, während sich der Körper auf seiner Reise durch Zeit und Raum entspannt und sich erst nur sich selbst hingibt, danach seinem Verstand, dann seinem Geist und schließlich dem alles durchdringenden Kollektivgeist.
Nach einer anderen Variante war △ in den 60er Jahren unter einem völlig anderen Namen als ein schwer zu fassender Schwarzfahrer bekannt, der so gerissen war, daß er die Busse zusammen mit den Kontrolleuren zu besteigen pflegte, sie jedoch überlistete und ihnen entwischte. In dieser romantischen Variante wird das Phänomen △ folgendermaßen erklärt: Der Unfaßbare wurde trotz seines Namens gefaßt (es gibt da zahlreiche Untervarianten, warum und wie das geschah) und von den Kontrolleuren an der damals provisorischen Haltestelle am Außenministerium aus dem Bus geschafft. Sie führten ihn erst auf die andere Straßenseite und dann unbemerkt in ein dichtes Gestrüpp. Der Tag war bis dahin heiter, aber in diesem Augenblick zogen von Westen dunkle Wolken auf. So unerbittlich, als spielten sie in einem unserer Filme, prügelten die Kontrolleure auf ihn ein, bis sie müde wurden. Als sie die ersten Regentropfen auf ihren verschwitzten Nacken spürten und zur Straße liefen, blieb △, beziehungsweise der Unfaßbare, am Boden liegen. Er hob die Hand, betastete seinen Kiefer, seine Lippen, die Nase, die Stirn. Er sah Blut an seinen Fingern und verspürte Übelkeit in der Magengrube. Das Unwetter nahm an Heftigkeit zu. Die Regentropfen wurden so groß wie Hühnereier. Der Unfaßbare wußte, daß er nie mehr würde aufstehen können: seine Beine waren gebrochen, seine Wirbelsäule war zer-

quetscht, die Gedärme ergossen sich über Gras und Blätter. Er sollte zu Erde werden und Erde bleiben. In dem Augenblick trieb ihm der Wind ein leeres Blatt Papier zu, der Unfaßbare raffte seine letzten Kräfte zusammen und malte mit seinem Blut das Zeichen ◬ darauf. Da heulte der Wind auf wie ein Tier, wie eine Bestie und hob das Blatt Papier hoch in den Himmel. Diese Aufzeichnung, diese heilige Schrift, zugleich allen und niemandem zugeleitet, werde, so glaubt man, bis zum heutigen Tag aufbewahrt, aber wo?

Wie auch immer, man sprach über ◬, man wußte von ◬. Die Vereinigung der Namensmaler hatte Mitgliedsausweise in der Form eines Dreiecks, einen ebensolchen Stempel, ein ähnliches Logo auf ihren Briefumschlägen. Das Erkennungszeichen der Mitglieder war ein kleines, über der linken Augenbraue eingeritztes ◬. Was sie außerdem von gewöhnlichen Schmierern unterschied, die wie besessen hundertfach ihren Namen kritzelten, war das Verbot, das ihnen (um den Preis wer weiß welcher Strafen) untersagte, überhaupt etwas – und erst recht das heilige Zeichen – an die Wände von Bussen zu malen, außer sie hatten wirklich etwas zu sagen oder im Falle äußerster Not. Also ist jedes ◬, das man sieht, eine Lüge, eine abscheuliche Lüge, eine Fälschung. Das gemeine Volk strebt immer nach dem, was den Oberen das noblesse oblige ist, aber daraus wird nur Entweihung, Gemeinwerdung, Herabsetzung auf ein gewöhnliches Niveau. Das ◬ ist die Demystifizierung von ◬.

Indes, wer hat die Mitgliedsausweise überhaupt gesehen, wer den Stempel in der Hand gehabt, wer einen Briefumschlag mit dem einschlägigen Logo zugestellt bekommen? Niemand. Alles sind nur Vermutungen, das ist wie ein mit verdorbener Hefe (wenn es so etwas überhaupt gibt) angerührter Teig; all das scheint, obwohl am weitesten von der Wahrheit entfernt, dieser am nächsten zu sein.

Vielleicht sollte man noch eine Deutung, noch eine Erklärung erwähnen, die am Rande der ersten feministischen Versammlung in Belgrad im Gebäude des Serbischen Kulturzentrums die Runde gemacht haben soll. Da der hiesige Feminismus aus Zagreb kommt, darf man annehmen, daß diese Deutung in einem Café in der Zagreber Oberstadt ihren Ursprung hatte, vielleicht während eines vertraulichen Gesprächs zwischen zwei anscheinend zurückhaltenden Damen, die sich leise, einander zwischendurch lange anlächelnd, unterhielten und dabei am Revers der Samtjacke und am Ärmel der langen, lässigen Bluse berührten. Wein, Weißwein, schaukelte vor ihnen in den Gläsern. Sie sahen, die eine wie die andere, der Heldin aus »Der letzte Tango in Paris« ähnlich. Wenige Monate später war in Belgrad alles bereit; manche sprechen sogar von der Unterzeichnung eines Geheimdokuments; andere sind zurückhaltender: sie meinen, man habe bei der letzten Sitzung nur ein mündliches Übereinkommen getroffen, das so zustande kam, daß jede Teilnehmerin mit einem bestimmten Zeichen auf ein bestimmtes Zeichen einer bestimmten Person antwortete.

Hier nun, worum es ging: Das ◬ gab es zwar – freilich als Symbol –, aber seine wahre Herkunft war weit von dem entfernt, was die männliche chauvinistische Clique sich als Ausdruck ihres typischen Unterdrückergeistes auf die Fahnen geschrieben hatte. Das ◬ begann nicht als blutiges Zeichen, auf irgendein nebulöses Blatt Papier geschmiert. Sein Anfang war zwar im Blut, sah aber ursprünglich so aus: ▽. Der Ort seiner Entstehung: das Erziehungsheim »Vasa Stajić« in Zemun. Die Zeit: Ende der 50er Jahre. In einem der abgelegenen Schlafräume vollziehen die Heimbewohner – alle einander ähnlich, alle kahlgeschoren – ihr schon abgedroschenes Samstagsritual: alle ficken der Reihe nach die Dicke Mara (Symbol der unterjochten Nachkriegsfrau?), die nur kichert und ihre wabbeligen Schenkel noch weiter spreizt. Plötzlich fällt Keža Kvrga das Mädchen ein, das vor einer Woche ins Heim eingeliefert wurde und noch mit niemandem ein Wort gewechselt hat. Sie fällt ihm in dem Augenblick ein, als er mit heruntergelassener Hose zwischen Maras Beinen steht und seinen Schwanz anstarrt, der sich weigert, hochzukommen. Die übrigen feuern ihn mit ausgesuchten Ausdrücken an, aber vergebens. Elefanten-Mita schlägt das Kraulen der Hoden vor, Klein-Pera bietet seine erfahrene Hand an, aber da fällt Keža Kvrga Slobodanka ein (ein schlau gewählter Name, noch ein Symbol!), und sein Schwanz steht wie noch nie. Er steht so stramm, daß alle verstummen. Er steht und weist mit solcher Wucht in eine bestimmte Richtung, daß alle sich umdrehen, um zu sehen, was es dort gibt. Ganz hinten im Schlafraum, am Fenster, die Stirn an die Fensterscheibe gelehnt, steht Slobodanka. Ein Lichtstrahl fällt auf ihr Gesicht. Tiefe Stille. Bringt sie her, sagt schließlich Keža Kvrga, und alles spielt sich dann schnell, sehr schnell ab. Elefanten-Mita und Smaja holen sie – sie wehrt sich nicht einmal, obwohl sie möglicherweise ahnt, obwohl sie ganz sicher weiß, was sie erwartet –, Klein-Pera holt ein Bettlaken – Keža Kvrga kommt näher und legt Slobodanka (oh, wie leicht, wie federleicht sie ist!) auf den Tisch – ihr Rock ist aus einem weichen Stoff, und als sie ihn hochschieben, kommt ein weißes, sauberes Höschen zum Vorschein – einer knöpft ihr die Bluse auf, ein Knopf reißt ab und fällt auf den Boden – Laß das, sagt Keža Kvrga, als Dule sich bückt – die Brüste sind ganz klein und fest, und keiner berührt sie – er drückt ihre Schenkel auseinander und: Ich will, daß du zuguckst, sagt Keža Kvrga – Elefanten-Mita umklammert ihren Hals, daß sie den Kopf nicht bewegen kann – Kežas Schwanz ist inzwischen so groß geworden, daß – sie wird ganz starr und hebt ein wenig die Hinterbacken vom Tisch, als er in sie eindringt – Guck, stöhnt Keža Kvrga, guck – Ich gucke, sagt Slobodanka, und die Dicke Mara beginnt zu kichern. Als Keža Kvrga ihn herauszieht, sehen alle das Blut. Endlich in Ruhe gelassen, steigt Slobodanka vom Tisch herunter und bleibt so, breitbeinig stehen. Ihre Knie zittern, sie hat Durst, der Bauch tut ihr weh. Sie greift sich zwischen die Beine, und obwohl ihre Hand feucht wird, meint sie, eine angenehme Kühle zu empfinden. Sie macht einige mühsame Schritte, und als sie diese Hand (die linke) ansieht, bemerkt sie darauf – inzwischen dämmert es schon – das mit dem Blut geschriebene Zeichen ▽, den Stempel ihres Leibes, den Abdruck ihrer Scham. Schon am nächsten Tag, nein, am Montag, kommt jemand und holt sie weg. Keža Kvrga wird von einem Bus überfahren. Elefanten-Mita wird von Rowdys aus Zemun niedergestochen. Klein-Pera stirbt an Lungenentzündung. Bei Smaja wird viele Jahre später Dickdarmkrebs festgestellt. Die Dicke Mara stirbt auf einem gynäkologischen Stuhl. Nur Dule bleibt verschont, aber der sieht und hört immer schlechter.

Das ist das Ende der etwas konstruierten Geschichte. Die männliche Verbrauchergesellschaft, so behaupten die Feministinnen, habe das weibliche Zeichen übernommen und es ihren Bedürfnissen angepaßt. Das Dreieck, das Symbol der Weiblichkeit, dessen Spitze zur Erde, zur Mutter Erde, dem Sinnbild der Fruchtbarkeit, zeige, hätten sie umgedreht, mit der Spitze zum Himmel gerichtet und das Symbol der Steifheit, das Phallussymbol eingesetzt, das, mit der breiten Seite auf die Erde gestützt, alles aus ihr schöpft und dem Herrscher des Himmels darbietet. Der Punkt, der vom Dreieck der Frau umgebene Mann, werde bei ihnen zum Punkt, der die im männlichen Dreieck gefangene Frau versinnbildlicht. Das △, das in den Belgrader öffentlichen Verkehrsmitteln auftauche, sei das verborgene Zeichen der weiblichen Macht. Hinter jedem △ verstecke sich ein ▽, allerdings erkenne das nicht jeder.

Dürftig, all das ist dürftig.

Was bleibt, sind Worte.

Und das Lied?

Als die Studentin der University of California, Kate Davis, endlich die Zusage eines Fulbright-Stipendiums erhielt, das ihr ermöglichte, mindestens ein Jahr in Jugoslawien zu verbringen, kehrte sie in ihr Zimmer zurück, setzte sich an den

Tisch und holte Briefpapier hervor. Aber wem sollte sie schreiben? Sie drehte sich zum Fenster und erblickte dabei im Spiegel ihr sich drehendes Gesicht. Sie sah nicht viel. Es war Frühlingsende, Anfang des Sommers, und der Himmel – sie sah also den Himmel – der Himmel war klar, blau, wolkenlos. Deutlich sah sie vor sich den Titel ihrer imaginären Arbeit: »Vocal Singing Styles of Croatia«, einer nicht geradezu umfangreichen Arbeit, die dennoch erschöpfend sein würde, detailfroh, un..un...unentbehrlich... Warum kam sie ins Stottern? Sie stand auf, trat diesmal bewußt an den Spiegel, doch jetzt leuchtete das Spiegelbild ihrer Hand auf dem glänzenden Schirm der Tischlampe. Sie hatte langes, glattes Haar, das sie abends vor dem Einschlafen in der Dunkelheit gerne berührte. Sie versuchte, sich an irgendeine der Vokabeln aus dem unregelmäßig stattfindenden Kurs der serbokroatischen Sprache zu erinnern. Keine einzige kam ihr in den Sinn. Sie starrte ihr Bild im Spiegel an und spürte eine völlige Leere. Sie wußte, daß in dieser Stille eine Bedeutung liegen mußte, wußte jedoch auch, daß sie diese nur dann entdecken würde, wenn sie sich nicht bemühte, sie zu entdecken. Sie wandte sich ab, nahm die Tasche mit den Heften und den Schreibutensilien, die sie vorhin auf das Bett geworfen hatte, berührte ihr Gesicht, die Bluse, dann wieder das Gesicht und ging zur Bibliothek.
Wo sie die folgenden Wochen mit erschöpfenden Reisevorbereitungen verbringen sollte. Sie sah zunächst einen Stapel verstaubter Zeitschriften durch: »Journal of the Society of Ethnomusicology«, »Journal of the International Folk Music Council«, »Journal of Popular Culture«; sie blätterte, während vor ihren Augen unbekannte Wörter und merkwürdige Buchstaben tanzten, in den Jahresausgaben von »Folklore« und »Volkskunst«, danach in dem »Sammelband über das Leben der Völker sowie ihre Sitten und Gebräuche«, sie schrieb einen Brief an das Amt für Folkloreforschung beim Institut für Philologie und Folkloristik in Zagreb (man hat-

te ihr gesagt, daß sie vielleicht nach Zagreb komme); sie schloß Bekanntschaft mit einer jungen Frau, die ebenfalls in alten Zeitschriften wühlte, allerdings auf der Suche nach bestimmten historischen Angaben über Montenegro, und die von Jugoslawien erzählte als von einem schönen Land mit häßlichen Städten und heiteren Menschen, wobei sie deren »einfaches Wesen« betonte; und dann, als eine freundliche Antwort aus Zagreb kam, widmete sie sich vollends den Arbeiten ehemaliger Studenten, auf die sie Charles J. Brown, der stellvertretende Abteilungsleiter, hingewiesen hatte. Im Herbst, nur noch wenige Tage vor ihrer Abreise, nahm sie in der Bibliothek die jüngste Magisterarbeit »An Ethnographic Study of Yugoslavia«, setzte sich an einen Tisch und kritzelte mit einem Kugelschreiber auf eine schwer einsehbare Stelle ihre Initialen: K. D. Sie las zuerst die Einleitung, die sich durch die gründliche Behandlung der Materie von allem abhob, was sie bislang gelesen hatte, dann die Kapitel über die Landwirtschaft, über die Sitten und Gebräuche, über die Volkstrachten, über den Volkskalender … Sie sah sich wieder die Titelseite an, bemerkte erst dann, daß dort der Name des Verfassers fehlte, schaute auf die letzte Seite in der Hoffnung, ihn dort zu finden, dann wieder auf die erste, und dann, nachdem sie die Augenbrauen gehoben und mit den Achseln gezuckt hatte, setzte sie die Lektüre fort, ohne zu bemerken, daß sich ihr Gesicht in einer ziemlich entfernten Fensterscheibe spiegelte. Sie kam bis zu dem Kapitel über die Musik, über Lieder und Tänze, und stieß in dem Abschnitt mit dem Untertitel »Stummer Reigentanz« auf eine Fußnote, auf die sie ihr ganzes Leben lang gewartet hatte – auf den Anfang und das Ende von allem:

49 Der stumme Tanz ist auch in anderen Gegenden Jugoslawiens anzutreffen, der Verfasser geht hier jedoch nur auf persönliche Varianten ein. Es sollte vielleicht erwähnt werden, daß der Verfasser einmal auch dem Ausdruck »stummes Lied« begegnete, aber während man mit Sicherheit vom stummen Tanz sprechen kann – der Verfasser hat mehrmals seiner Ausführung beigewohnt, und es besteht eine reiche Literatur darüber (siehe Bibliographie) –, war über das »stumme Lied« nahezu nichts zu finden. Auf diesen Terminus stieß der Verfasser im Gespräch mit einem alten Mann während seiner

Reise durch den nördlichen Teil der Lika, aber nichts deutet darauf hin, daß der Begriff sich nur auf das Lika-Gebiet bezieht. Eher ist das Gegenteil der Fall. Der Greis behauptete, das »stumme Lied« zu kennen. Die Bitte, es vorzutragen, lehnte er ab, weil es ohnehin »stumm« sei. (Es folgt die Abschrift der Tonbandaufnahme des Gesprächs. Leider ist der größere Teil der Aufzeichnung unverständlich.) Der Verfasser: »Wie kann man die Stille überhaupt singen?« Der Alte: »Nicht Sie singen die Stille ... die Stille singt Sie. Sie sind nur der Vermittler.« Der Verfasser: »Und zu welchen Gelegenheiten singen Sie dieses »stumme Lied«?« Der Alte: »Wenn ich spüre, daß noch jemand es kennt.« Der Verfasser: »Bitte?« Der Alte: »Wenn ich spüre, daß noch ein oder mehrere Menschen es kennen und wir es gemeinsam singen können.« Der Verfasser: »Sie wollen wohl sagen, gemeinsam schweigen können?« Der Alte: »Wir singen, und Sie schweigen.« Der Verfasser: »Sind Sie aus der Lika?« Der Alte (lacht): »Niemand kann sagen, woher er ist.« Der Verfasser: »Aber, Sie sind hier geboren?« Der Alte: »Hier ... dort ... überall ...« Der Verfasser: »Wie alt sind Sie?« Der Alte (lacht): »Alt genug ... genug, um ... (unverständlich) ... wer weiß ...« Danach weigerte sich der Alte, weiterzusprechen. Keine der Personen, bei denen der Verfasser sich später nach dem »stummen Lied« erkundigte, konnte ihm Auskunft darüber erteilen. Ganz zufällig fand der Verfasser später in einem Belgrader Antiquariat den schmalen Band »Beschreibungen unserer Volkslieder und -tänze« von Vl. Pecić (Verlagsbuchhandlung Napredak, Belgrad, 1924), in dem zweimal das »stumme Lied« erwähnt wird: das erste Mal als die Bezeichnung für das Lied, das den stummen Tanz begleitet, das zweite Mal in einem äußerst unklaren Kontext. Während die erste Erwähnung offensichtlich auf der falschen Benutzung des Terminus beruht, ist die zweite höchstwahrscheinlich auf einen Druckfehler zurückzuführen. – So verlockend die Idee des »stummen Liedes« auch ist, sehen wir uns leider doch genötigt festzustellen, daß das »stumme Lied« eigentlich nicht existiert. In der uns zugänglichen Literatur über die musikalische Tradition anderer Länder sind wir auf kein ähnliches Konzept gestoßen.

Das ist es, sagte sie zu sich, als wolle sie jemanden überzeugen. Die verborgene Stelle des Tisches mit ihren Initialen war jetzt von jeder Stelle der Bibliothek aus deutlich erkennbar. Sie fotokopierte die Fußnote, schrieb noch einige Daten auf, ordnete die übrigen Notizen, packte fast alle Sachen, die sie besaß, ein und schrieb auf das Paket mit großen Buchstaben die Adresse ihrer Mutter. Sie würde wegfahren, endlich wußte sie, daß sie wegfahren würde. Die Nacht vor der Abreise, was nicht genau stimmt, man sollte eher sagen, die Nacht vor ihrer Reise nach New York, wo sie vier oder fünf Tage (bei Freunden in Brooklyn, in der Diamond Street 15) bleiben wollte, bevor sie das Flugzeug nach Frankfurt und weiter nahm, verbrachte sie mit Ann Margaret, ihrer bestimmt intimsten Freundin, die sie während der Studienzeit kennengelernt hatte, in deren Zimmer, in deren Bett. Ann Margaret war eine stämmige junge Frau mit breitem Gesicht, glattem

braunem Haar und großen Brüsten, an welche (die rechte!) Kate Davis ihren Kopf lehnte. Ann Margaret fragte, ob es ihr leid täte, wegzugehen. Ich weiß nicht, sagte Kate. Mit ihren Fingerspitzen berührte sie Anns weichen und willigen Bauch. Manchmal, fuhr sie fort, glaube ich, mit diesem Weggehen wird alles gelöst, dann wiederum meine ich, damit verschließt sich alles, obwohl ich irgendwie ahne, daß dort doch die Lösung vieler Probleme wartet. Stell dir vor, sagte sie und brach fast in Lachen aus, bei all den Orten in dieser Welt soll sich mein Schicksal ausgerechnet in Jugoslawien entscheiden … Ja, sagte Ann Margaret. Und doch. Sie verstummte. Was? fragte Ann. Ich weiß nicht, sagte Kate, vielleicht habe ich Angst, ich weiß es nicht, ich meine, man sollte bleiben, wo man ist. Weißt du, nicht Bewegung erobert die Welt, sondern Ruhe. Ich weiß, sagte Ann Margaret. Die Finger ihrer rechten Hand umfaßten sanft Kates Nacken. Das klingt bestimmt verrückt, flüsterte Kate, ich habe das Gefühl, ich werde dort völlig verschwinden. Aber, sagte Ann, die Menschen dort sind doch keine Wilden. Nein, erwiderte Kate, so meinte ich es nicht, ich meinte nicht den Körper, sondern, wie soll ich es dir sagen, vielleicht eher die Seele. Ja, sagte Ann Margaret, komm. Sie zog ihr Gesicht zu sich heran und beugte sich gleichzeitig darüber. Zunächst spürte sie ihre Haut, dann ihren Atem. Dann fuhr ihre wie ein Schwert scharfe Zunge zwischen die Lippen von Kate Davis. So nahmen sie Abschied voneinander.
Die düsteren Bemerkungen der zufälligen Bekannten aus der Bibliothek stellten sich als wahr heraus. Was sie während der unbequemen Bahnfahrt von Deutschland nach Zagreb sah, war in der Tat schön. In Zagreb blieb sie eine Woche, lang genug, um sich zu überzeugen, daß die Menschen wirklich heiter sind und die Stadt trotz einer gewissen klassischen Würde nicht schön ist. Auf den Straßen fühlte sie ständig eine Grenze, einen Riß, ein Zusammenbruch, es war ein merkwürdiges Gefühl, das sie erst, als sie nach Belgrad kam, defi-

nieren konnte. (Denn man hatte ihr gesagt, daß sie doch nach Belgrad kommt.) Sie begriff es erst, als sie diese Stadt sah, die nach westlicher Form strebte, aber eine Großstadt östlicher Art war: voller Lärm, Chaos und Unordnung. Sie begriff, was es heißt, sich an der Nahtstelle zwischen Ost und West zu befinden und zu niemanden zu gehören, weder das eine noch das andere zu sein. Ihr erster Gedanke war: zurück. Die Angst, die sie Ann Margaret mitzuteilen versucht hatte, erfüllte sie jetzt. Sie hatte Angst vor der Dunkelheit. Sie hatte Angst vor tiefliegenden Augen, die sie im Bus unentwegt beobachteten. Sie bekam Angst vor sich selbst, als sie begriff, daß sie bald aufhören würde, Angst zu haben. Die ersten zehn Tage verbrachte sie bei einer jungen Frau, die sie zufällig in der amerikanischen Botschaft kennengelernt hatte. Diese wohnte in einem Gebäude für Beamte der niedrigeren diplomatischen Laufbahn, in einer der Wohnungen, die bis ins kleinste Detail Amerika reproduzierten, um so der Verschmutzung zu entgehen, die möglicherweise von außen kommen könnte. Sie hieß Linda und war äußerst konservativ. Während dieser Zeit ging sie auf Wohnungssuche, und so entdeckte sie Zemun, für das sie sich am Ende entschied, denn sie mietete eine möblierte Wohnung in der Straße des 22. Oktober.

Zemun war etwas anderes. Ob wegen des Flusses oder wer weiß weswegen, dort spürte sie nicht die Grenze, die wie eine Klinge in der Luft schwebte. Sie verliebte sich in den alten Turm, an dessen Fuß sie einmal, sechs Monate später, ein Gedicht verfassen und es, von einer unerklärlichen Wehmut getrieben, dem Mann schicken wird, der ihr erster Freund gewesen war. Sie fing an zu joggen, sie joggte jeden Morgen, manchmal allein, manchmal mit anderen die Donau entlang, am Hotel »Jugoslavija« vorbei, fast bis zur Save-Mündung. Langsam schlug sie sich durch die Labyrinthe der serbokroatischen Sprache und fühlte sich zunehmend sicherer (da ist Vorsicht geboten, dachte sie), wenn sie zu dem kleinen

Selbstbedienungsladen an der Ecke ging oder in den Laden auf der anderen Straßenseite, der so unpassend »Drugstore« hieß. Ihre Augen schienen sich immer mehr zu öffnen, als fange sie an, Dinge zu sehen, Details zu erkennen, zu erfahren, zu wissen. Einmal schrieb sie Ann Margaret davon, aber als sie deren Antwort bekam, beschloß sie, den Briefwechsel abzubrechen. Die Einsamkeit kam mit großen Schritten auf sie zu, und sie bereitete sich vor, sie zu empfangen. Der Augenblick war nahe, ahnte sie, in dem sie aus sich herauskommen würde, um in sich zu versinken.

So kam es, daß sie an einem trotz der späten Jahreszeit sonnigen und warmen Nachmittag von ihrem Sitz im hinteren Teil des Busses aus eine kleine Menschengruppe auf dem sinnlosen, künstlichen Hügel neben dem Hotel »Jugoslavija« sah. Ein Stich traf ihr Herz. Sie stand auf und bahnte sich den Weg zum Ausgang. Beim Aussteigen traf sie ein Windstoß. Die Haltestelle befand sich am Ende des Hotels. Sie ging zurück, darauf bedacht, nicht loszurennen. Als sie auch die zweite Kreuzung überquert hatte, sah sie besser. Es waren sechs: vier Männer und zwei blonde Mädchen. Sie standen anscheinend verstreut auf dem Hügel, aber Kate erkannte das Muster. Sie ging an einem der Männer vorbei und sah in seinen Augen nichts. Noch ein Schritt, noch zwei, und sie fand ihren Platz. In diesem Augenblick hörte sie die Stille. Und da begann sie, das stumme Lied zu singen.

Fünf Wörter

Ich kenne viele Wörter, benutze aber nur wenige. Wenn man mich etwas fragt, antworte ich; wenn nicht, schweige ich. Wie viele Wörter braucht der Mensch, um auf eine jede Frage zu antworten? Zwei, drei, höchstens fünf: »ja«, »nein«, »vielleicht«, »keine Ahnung«. Alle anderen sind überflüssig, vor allem, wenn man selbst keine Fragen stellt.

Unter dem hellen Mond

Ich heiße Adam und weiß nicht, warum ich hier bin.
Hier: in der Stadt, die unentschlossen zwischen den Rocky Mountains und der großen Prärie liegt, ganz weder zu den schneebedeckten Gipfeln noch zu der grasbewachsenen Ebene gehörend, genau an der scharfen Trennungslinie verharrend, dort, wo sich die Gegensätze berühren.
Angefangen hat es wie ein Scherz. Zumindest betrachte ich es jetzt als einen Scherz, den ich mit mir selbst getrieben habe, obwohl damals, als es begann, alles von ernster Entschlossenheit geprägt war. Bei genügendem Abstand legen wir alle eine bewundernswerte Fähigkeit an den Tag, die Vergangenheit zu verbiegen und die Geschichte zu fälschen. Ich weiß noch, wie verzweifelt ich damals, vor ein paar Jahren, war, als die Propagandamaschinerien heißliefen und unterschiedliche Chroniken von Anstand und Ehrlosigkeit produzierten. Dann begriff ich, daß auch ich nichts anderes tat, wenn es auch um harmlosere Dinge ging. Mir wurde klar, daß die des objektiven Standpunktes beraubte Gegenwart die Vergangenheit nicht objektiv beurteilen kann und daß die Vergangenheit genauso wie das schillernde Antlitz der Gegenwart aus vielen kleinen Facetten besteht, die vielleicht nur etwas blind geworden sind – wie antike Spiegel.
Natürlich bin ich nicht gleich darauf gekommen. Tage, Wochen, Monate vergingen, Dörfer verschwanden vom Erdboden, Städte verwandelten sich in Schutthaufen, Menschen wurden wieder zu Nummern auf Listen, Kühe irrten in verwüsteten Landschaften umher und stierten den blassen Mond an. Das Leben hatte sich in einen Supermarkt verwandelt, in dem alle möglichen Auslegungen der Vergangen-

heit feilgeboten wurden. Die einen präsentierten sich schön verpackt, die anderen waren grob und unbehauen, doch gleichviel, jeder mußte eine kaufen. Wer wie ich vorhatte, nur durch das Warenhaus hindurchzugehen und es am anderen Ende mit leeren Händen zu verlassen, blieb langsam, aber sicher alleine. Männer mieden ihn, Frauen schenkten ihm keine Beachtung, Kinder schauten durch ihn hindurch, als gäbe es ihn nicht.

Und es gab ihn in der Tat nicht: es gab mich nicht. Vielleicht erscheint mir deshalb von hier aus alles wie ein Scherz. Hier, wo sich jedes Gefühl für das Individuum im weiten Raum verliert, mußte dieses krampfhafte Festhalten an etwas, durch das sich »Identität definiert«, wie es im Fernsehen hieß, lächerlich erscheinen. Dort klopften Freunde und Bekannte vergebens an meine Tür, meldeten sich per Telefon, hielten mich auf der Straße an. Das Leben existiere nur, wenn es in der historischen Vertikale erkennbar sei, sagten sie, die Gegenwart sei kein Zauberteppich, der einen durch Zeit und Raum befördere, und eine Zukunft habe nur, wer in der Gegenwart die Vergangenheit erkenne.

Ich schwieg und zog mich in meine Einsamkeit zurück. Das war kein nobles, selbstgewähltes Alleinsein, sondern die aufgezwungene Isolation eines Aussätzigen. Kurz gesagt, wo immer ich hinging, empfing mich Leere. Menschen rückten von mir ab und gingen mir aus dem Weg. Mir blieben nur tote Gegenstände.

Da stieg ich eines Tages in den Bus, fuhr zur kanadischen Botschaft und reihte mich dort in die Schlange ein. Ich füllte ein Formular aus, ging nach Hause, wartete, bekam neue Formulare, füllte auch diese aus, wartete wieder, unterzog mich einer ärztlichen Untersuchung, trug alle Unterlagen zusammen, ging zu einem Gespräch, ließ mir die Hand schütteln, bestätigte durch meine Unterschrift den Erhalt des Einwanderungsvisums, kaufte ein Flugticket. Alle diese Verben, alle diese kurzen Sätze waren damals von Ernst und Entschlossenheit, ja sogar von einem Gefühl schicksalhafter Unabwendbarkeit begleitet. Erst später, erst hier, wurde mir klar, daß ich die ganze Zeit in dem Glauben gewesen war, alles sei nur ein Scherz, und daß ich mich nur in die Schlangen einreiht habe, zu Gesprächen gegangen bin und vor dem Röntgengerät die Luft angehalten habe, um jemanden zu verspotten, nur um zu zeigen, daß es außer der Gegenwart nichts gibt, am wenigsten eine Vergangenheit und schon gar keine, die wir uns selbst aussuchen.

Jetzt frage ich mich: was habe ich mir ausgesucht? Und ich finde keine Antwort. Alles, worauf ich komme, sei es, daß ich am Fenster stehe, durch endlose Straßen gehe oder mich im Spiegel betrachte, ist – Schweigen.

Anfangs, während ich von einem Amt zum anderen lief, Formulare ausfüllte und Nummern verpaßt bekam, die in mächtigen Computersystemen meinen Namen (und natürlich auch mein bisheriges Leben) ersetzten, hatte ich das Gefühl, etwas öffne sich. Ich wußte nicht, was. Ich dachte in einfachen Bildern, etwa: das Leben ist ein Korridor voller Türen. Oder: die Welt ist eine Bühne. Oder: die Augen sind Spiegel der Seele, das Herz ist eine Maschine, der Magen ein Sack, der Traum eine Ansichtskarte von einer Reise, ich bin jemand anderes.

Dann spürte ich, daß ich unterging: ich sank immer tiefer, während sich über mir Deckel und Klappen mit Getöse schlossen. Als der erste Schnee fiel, blendete mich das Weiß. Als das Eis den Fluß bedeckte, ging ich auf eine Brücke, zog Mütze und Handschuhe aus und erlaubte dem Frost, mich zu kneifen. Die Sonne sank herab und näherte sich den fernen Bergen, und der Tag wurde zur Nacht.

Das ficht mich nicht an, dachte ich. Es ist sogar leichter, in der Dunkelheit herumzulaufen als bei Tageslicht. Du brauchst dich um nichts zu kümmern. Du kannst nackt sein, so wie du tatsächlich bist.

Das Ganze war natürlich Selbstbetrug, ein vergeblicher Ver-

such, Trost zu finden. Von all dem erzähle ich jetzt, da die Worte längst jede Bedeutung verloren haben und jedes laut gesprochene Wort – gleich in welcher Sprache – so fremd klingt, daß ich es in Wörterbüchern nachschlagen muß.
Entschlossenheit und Gewißheit verließen mich eigentlich schon im Flugzeug. Während ich flog und, wie ich glaubte, dem brodelnden Abgrund entkam, näherte ich mich, ohne es zu wissen, einem anderen, in mir selbst verborgenen Schlund, genauso brodelnd und wüst, genauso voller Zweifel und Ratlosigkeit. Als ich aus dem Flugzeug in den eisigen Nordwind trat, flatterte ich wie eine Vogelscheuche. Nur die Stiefel hielten mich durch ihr Gewicht am Boden, alles andere gab es nicht mehr.
Ich mietete eine Wohnung im Norden der Stadt, am Rande des Künstlerviertels. Die Wohnung war klein: Schlafzimmer, Wohnzimmer, Küche und Bad. Die Wände waren nackt, der Teppichboden abgetreten, die Fenster ohne Vorhänge. Neben dem Kühlschrank hing ein alter Kalender. Auf dem Balkon, hinter einer gläsernen Schiebetür fingen zwei Plastikstühle Staub.
Meine Mutter sagte immer: Es gibt ein einfaches Mittel, herauszufinden, ob ein Ort wirklich dein Heim werden kann. Du kaufst dir eine Topfpflanze und versuchst, sie am Leben zu halten. Wenn dir das gelingt, kannst du dir auch eine Katze anschaffen. Wenn es nicht gelingt, gibt es keine Möbel und keinen Herd, die deine Seele wirklich wärmen können. Aber gib acht, sagte sie, jeder hat seine Pflanze, jeder muß seine Blume pflegen.
Gut, dachte ich, meine Pflanze, meine Blume. Ich fand ein Blumengeschäft und ging hinein. Dutzende von Topfpflanzen, Blütenarrangements, Sträuße und Kränzchen aus Strohblumen verströmten einen erstickenden, schweren Duft. Noch nie hatte ich Kakteen, exotische Blüten, Kletterpflanzen, Veilchen, Gummibäume in solcher Vielfalt gesehen. Ich bekam Angst, mich darin nicht zu finden. Dann fiel mein

Blick auf ein Alpenveilchen. Ich wußte nichts über Alpenveilchen, genauer gesagt, ich hatte überhaupt keine Ahnung von Blumen. Die Verkäuferin, die ich fragte, lächelte nur und zuckte mit den Schultern. »Steht alles auf dem Schildchen«, sagte sie. Dort las ich: »Vor zu starker Sonneneinstrahlung schützen; sparsam gießen; nicht im Dunkeln halten.«
Ich konnte mir zwar nicht vorstellen, weshalb jemand den Wunsch verspüren sollte, ein Alpenveilchen oder eine andere Pflanze im Dunkeln zu halten, aber diese drei Gebote wurden zur Grundlage meines Daseins. Alles wurde ihnen untergeordnet: meine erste Regung am Morgen, mein letzter Blick am Abend, meine täglichen Wege, die Arbeitsuche, die in Supermärkten im Stehen verdrückten Hamburger und Pizzas, das Bier danach zu Hause, das Glotzen auf den leise gestellten Fernseher, den ich für alle Fälle, um die Wirkung seiner unheimlichen Strahlungen zu mindern, zur Seite gedreht hatte. Ich kaufte eine kleine Gießkanne, ein Fläschchen mit Mineraldünger und Miniaturgeräte – Schäufelchen, Hacke und Rechen. Nur ein Handbuch über die Pflege von Alpenveilchen konnte ich nirgendwo auftreiben. Wenn ich nach längerer oder kürzerer Abwesenheit in meine Wohnung zurückkehrte, zog ich die Schuhe aus und eilte sofort zu dem Blumentopf, der auf einem Stuhl neben dem Fenster stand.
Licht, Wasser, Mineraldünger, Dunkelheit. Bald wurde alles von diesem einfachen Rhythmus bestimmt. Ich machte die Augen auf, trank ein Glas Wasser, aß Cornflakes und fette Chips, versank in Schlaf. Das Alpenveilchen machte keine Fortschritte. Anfangs sah es aus, als würde ich es schaffen, obwohl ich fühlte, daß es für einen tatsächlichen Erfolg nötig gewesen wäre, in der ersten Person Plural zu sprechen, denn das Alpenveilchen würde nur dann ein Teil von mir, wenn auch ich ein Teil von ihm geworden wäre.
Eines Nachts, als ich wegen des hellen Mondscheins nicht einschlafen konnte, setzte ich mich auf den Stuhl neben dem Alpenveilchen und schaute gedankenverloren auf die men-

schenleere Straße. Einst, als kleiner Junge, war ich überzeugt, die Dinge würden wahr werden, wenn man nur lang genug daran glaubte. Ich versuchte, dies dem Alpenveilchen zu sagen, verriet ihm aber nicht, was ich jetzt weiß: es geht nicht nach unserem Willen, vielleicht nach einem fremden, aber nicht nach unserem. Wir sind nur Zeugen des eigenen Lebens.

Ich schlief auf dem Stuhl ein, den Kopf auf das Fensterbrett gelegt. Als ich wach wurde, sah ich zwei welke Blätter. Ich lockerte die Erde, goß einige Tropfen Dünger darauf, füllte den Untersatz mit Wasser. Am Mittag hatte ich einen Termin mit meinem Sachbearbeiter im Arbeitsamt. Das Amt befand sich am anderen Ende der Stadt, und während ich noch weit von zu Hause im Bus saß, verspürte ich plötzlich eine Leere, als sei mein Herz stehengeblieben oder als habe sich vor ihm ein Abgrund aufgetan. An der nächsten Haltestelle stieg ich aus und rannte.

Kein noch so schnelles Laufen konnte an der Wirklichkeit etwas ändern. Vielleicht vermag Superman, den Lauf der Ereignisse umzukehren und die Erde anzuhalten, alle anderen müssen die vorgegebene Richtung einhalten und dem zwingenden Wechsel von Tag und Nacht, von Traum und Wirklichkeit folgen. Als ich in die Wohnung kam, war das Alpenveilchen tot, obwohl noch einige Tage vergehen mußten, bis alle Blätter und Blüten über den Topfrand hingen.

Dann begann es zu schneien. Es schneite die ganze Nacht, den ganzen nächsten Tag und auch noch die folgende Nacht, und als ich am Morgen aufstand, hatte es noch immer nicht aufgehört. Ich öffnete das Fenster, und große Flocken wirbelten ins Zimmer. Eine fiel auf das verwelkte Alpenveilchen, eine zweite spürte ich auf der Wange, drei landeten auf dem abgenutzten Teppichboden.

Ich setzte mich auf den Stuhl, schlug die Beine übereinander, schlang die Arme um mich und schloß die Augen. In Gedanken sah ich mich durch das Weiß schreiten: ich lief, ohne eine Spur zu hinterlassen. Mit geschlossenen Augen streckte ich den Arm aus und versuchte, die Kante des anderen Stuhls zu ertasten. Es gelang nicht. Ich streckte den anderen Arm aus, wieder ohne Erfolg, und blieb sitzen wie ein Blinder, während eine Stimme aus dem Weiß Worte in verschiedenen Sprachen rief, von denen keine mehr die meine war.